KB206132

쉬운
로마서 II

쉬운
로마서 II

채경락 지음

생명의 양식
THE BREAD OF LIFE

목차

복음을 담는 그릇

무언가를 받으려면 그릇을 준비해야 합니다. 소중한 것일수록 그러합니다. 물 길으러 오는 아낙네들은 누구나 머리에 옹기를 하나씩 이고 옵니다. 언젠가 텔레비전에서 본 아프리카의 아이들도 물 뜨러 갈 때면 볼품없지만 플라스틱 용기를 가지고 갔습니다. 깨끗한 물이 아니었지만, 그릇 없이 물을 담아갈 수는 없기 때문입니다. 수가 성 여인도 그리했을 겁니다.

어린 시절 가끔 집에 들르던 걸인도 나름의 그릇을 준비해 왔습니다. 주말 아침 대문에서 인기척이 나서 나가보면 두꺼운 비닐봉지를 내밀었습니다. 농촌이라 익숙한 요소 비료를 담고 있던 커다란 포대인데, 부엌에 계신 어머니께 가져가면 거기에 더운밥과 김치를 넣어 주셨습니다. 사람은 하나인데 밥을 많이도 담았다고 생각했던 기억이 아련합니다. 어린 눈의 가늠으로는 족히 네댓 끼는 되고도 남을 많은 양이었는데, 큰 그릇을 준비했으니 크게 받아갔습니다.

복음을 받는 그릇은 무엇일까요? 어머니의 더운밥도 귀했지만 비교할 수 없이 귀한 생명의 복음을 받자면 필시 합당한 그릇이 필요합니다. 화려할 필요는 없지만 새지 않을 튼튼한 그릇이 필요합니다. 그릇이 구원의 공로가 될 수는 없지만 열린 마음의 그릇이 없다면, 주시는 은혜를 오롯이 담아낼 그릇이 없다면, 주시는 복음을 걷어차는 격이 될 것입니다. 주님이 십자가에 달리셨을 때 양편에 함께 달렸던 두 강도를 생각해 보세요. 한 사람은 마지막 순간에 구원의 선물을 받았지만, 한 사람은 끝까지 외면했습니다. 한 사람은 그 마음에 그릇이 준비되어 있었고, 한 사람은 끝까지 마음의 문을 닫았습니다.

그릇이라는 것이 꼭 옹기처럼 물리적인 그릇이 아님은 주지의 신앙 상식입니다. 복음의 그릇은 마음입니다. 복음의 그릇은 자세입니다. 어떤 마음, 어떤 자세가 필요할까요? 로마서 두 번째 덩어리 5-8장을 통해 주님의 복음을 받는 그릇을 묵상하려 합니다.

샘물에서 채경락 목사

복음의 그릇(1)

누림의 그릇 -
복음을 누리라

(롬 5:1-11)

<설교 구상>

　"하나님과 화평을 누리자"는 대목에 초점을 둔 설교다. 본문의 흐름을 분석하면, 1절과 2절에서 "누리자" "즐거워하느니라"고 선언한 후에, 6절 이하에서 우리가 왜 누릴 수 있는지, 왜 즐거워할 수 있는지 근거를 선포한다. 자격 없는 우리를 위해 그리스도께서 죽으심으로써 잃어버렸던 하나님과의 화평, 즉 구원의 선물을 주셨으니 마음껏 누리고 행복하자는 권면의 설교다. 주신 선물을 누리지 못하는 것도 예의가 아니다.

　설교의 중심에 구원의 확신이 있다. 복음을 누리는 첫 걸음은 구원을 확신하는 것이다. 나를 바라보면 확신할 수 없지만, "우리가 아직 죄인 되었을 때에" 우리를 위하여 목숨을 내어주신 나의 구원자 예수님을 바라볼 때 구원의 확신을 품을 수 있고 또한 마땅히 품어야 한다는 메시지다.

누림의 그릇 – 복음을 누리라

(롬 5:1-11)

1 그러므로 우리가 믿음으로 의롭다 하심을 받았으니 우리 주 예수 그리스도로 말미암아 하나님과 화평을 누리자 2 또한 그로 말미암아 우리가 믿음으로 서 있는 이 은혜에 들어 감을 얻었으며 하나님의 영광을 바라고 즐거워하느니라 3 다만 이뿐 아니라 우리가 환난 중에도 즐거워하나니 이는 환난은 인내를, 4 인내는 연단을, 연단은 소망을 이루는 줄 앎이로다

서론 - 복음을 누리라

오늘부터 복음의 그릇을 묵상합니다. 주께서 주신 복음을 오롯이 받기 위한 그릇, 생명의 복음을 받기에 합당한 그릇이 있

11

습니다. 그릇이 잘 준비될 때 복음의 행복과 영광을 바닥까지 맛
보게 될 것입니다. 첫 걸음으로 오늘의 말씀은, 누림의 그릇입니
다. 복음을 누리라. 주께서 우리를 누림으로 초대합니다. 1절에
"그러므로 우리가 믿음으로 의롭다 하심을 받았으니 우리 주 예
수 그리스도로 말미암아 하나님과 화평을 누리자." 마지막 단어
가 눈에 들어옵니다. 우리가 구원을 받았는데, 그 구원을 어떻
게? 누리자!

받고도 누리지 못하는 사람이 있습니다. 손에 쥐고도 누리지
못하는 사람. 유명한 이야기가 있죠. 비행기가 없던 시절 먼 여
행은 주로 배를 이용했습니다. 유럽에서 신대륙 미국으로 건너
갈 때도 마찬가지였는데, 그렇게 어떤 사람이 미국행 배에 올랐
습니다. 아메리칸 드림을 꿈꾸며 대서양을 건너는 배에다 몸을
실었습니다. 가진 돈이 별로 없어서 비싼 표는 못 구하고 삼등칸
표를 샀습니다. 조금 불편했지만 마음만은 너무 행복했습니다.
청운의 꿈을 안고 미국으로 가니까.

그런데 문제가 하나 있었는데, 밥 사먹을 돈이 없었습니다.
배표 사느라 돈을 다 써버려서 남은 돈이 없었습니다. 배를 안
탈 수는 없고, 하는 수 없이 굶었습니다. 대서양을 건너는 내내
식당 칸에는 갈 엄두도 못 내고 쫄쫄 굶었습니다. 얼마나 힘들었
을까요? 그런데 아뿔싸! 나중에 알게 된 사실이 배표에 밥값이

다 포함되어 있었습니다. 당당하게 식당 칸에 가서 밥을 먹어도 되는데, 그걸 모른 채 쫄쫄 굶은 거예요. 손안에 쥐고도 누리지를 못한 안타까운 이야기.

성도 여러분, 누릴 줄 아는 사람이 되시기 바랍니다. 지금은 배 탈 일은 잘 없고, 주로 비행기를 타게 되는데, 승무원이 와서 "치킨 or 비프?" 이러면 당황하지 마세요. 얼마지? 비쌀까? 고민하지 말고 돈 걱정 말고 마음 가는 걸로 시키세요. 비행기 값에 밥값이 다 포함되어 있습니다. 물론 비행기 타면서 그런 고민하시는 분은 없으리라고 믿습니다만, 구원에 있어서는 더러 그런 분들이 있어요. 받고도 누리지를 못해요. 은혜의 구원을 받아놓고도 마음껏 누리지를 못해요. 오늘의 말씀, 구원을 누리라! 묵상하실 때 우리가 다 주의 은혜로 믿음으로 구원을 받은 사람들인데, 받은 구원을 누릴 줄 아는 행복한 성도들 되시기 바랍니다.

1. 확신하라

우선 첫째, 확신입니다. 구원을 누린다는 것이 무슨 의미냐? 확신하는 겁니다. 나는 구원 받은 사람이다! 주께서 나에게 구원의 선물을 주셨다! 그걸 마음에 확신하고 누리는 겁니다. 1절이 그 말씀입니다. "그러므로 우리가 믿음으로 의롭다 하심을 받았으니." 우리가 믿음으로 구원을 받았다. 그러니 "우리 주 예수 그리스도로 말미암아 하나님과 화평을 누리자." 화평 대신에 구원을 넣어도 됩니다. 이 화평은 구원의 화평입니다. 우리 주 예수 그리스도로 말미암아 우리에게 주어진 구원을 누리자! 성도 여러분, 받은 구원을 누리시기 바랍니다. 구원의 확신을 품고, 구원의 평안을 누리세요.

그런데 이게 말처럼 쉽지는 않습니다. 저는 한 동안 구원의 확신 교리를 싫어했습니다. 누가 다가와서 "구원의 확신이 있으세요?" 물어보면 너무 싫었어요. 또 거기다 대고 "예, 확신합니다." 이렇게 대답하는 사람은 더 싫었어요. 교만하게시리 자기가 뭐 한 게 있다고 구원을 확신해? 삶이 그렇게 자신이 있나? 그런 생각을 품곤 했어요. 혹시 이 자리에도 그런 분이 계신가요? '나같이 부족한 사람이 어떻게 감히 구원을 확신해?'

혹 그런 분이 있다면 이 말씀 드리고 싶어요. 성도 여러분, 구원은 여러분처럼 부족한 사람이 받는 겁니다. 구원은 누구처럼 흠 없고 잘난 사람이 받는 게 아니고, 여러분같이 그리고 저같이 부족하고 흠이 많은 사람이 받는 게 구원입니다. 주님이 말씀하셨잖아요. 나는 의인을 부르러 온 것이 아니요, 죄인을 불러 구원하러 왔노라. 구원은 자격 있는 사람에게 주시는 선물이 아니고, 오히려 부족하고 자격 없는 사람에게 주시는 은혜입니다. 그러니 부족해도 주의 은혜를 믿고 구원을 확신하시기 바랍니다.

6절이 그 말씀입니다. "우리가 아직 연약할 때에 기약대로 그리스도께서 경건하지 않은 자를 위하여 죽으셨도다." 주님께서 십자가에 죽으실 때, 경건하고 잘난 사람을 위해 죽으신 게 아닙니다. 연약하고 부족한 사람을 위해 죽으셨습니다. 여기서 연약함은 체력 이야기가 아니고, 영적인 연약함을 가리킵니다. 한 신학자는 성경에서 연약함은 추함을 의미한다고 풀이합니다. 연약함이 육신의 약함이 아니고 죄로 인한 추함이라는 말입니다. 뒤에 바로 풀이가 나오죠. "경건하지 않은 자"들.

주께서 이런 사람을 위해서 죽으셨다는 겁니다. 누구처럼 잘난 사람을 위해 죽으신 게 아닙니다. 또 사람이 잘나면 얼마나 잘 났어요? 다 죄인이고 다 부족한 인생입니다. 그런 우리를 위해 주님이 죽으셨습니다. 구원의 자격을 논하자면 결코 구원 받을 수 없는 사람을 위해 주님이 죽으셨고, 그런 사람들에게 구원을 주셨습니다. 이게 복음입니다.

언젠가 설교 중에 이신칭의, 즉 구원에 이르는 믿음을 묵상한 일이 있습니다. 구원에 이르는 믿음이 뭐냐? 그 첫째가 자신의 부족함을 아는 것이라고 했습니다. 구원에 이르는 자격이 있다면, 나의 부족함을 아는 것입니다. 나의 부족함 때문에 구원의 확신을 품지 못하는 사람이 있다면, 그 부족함은 구원에서 제외될 이유가 아니라, 오히려 구원의 믿음에 이르는 통로가 될 수 있습니다. 주님의 구원은 잘나고 탁월한 사람에게 임하는 게 아닙니다. 나의 부족함을 아는 사람, 그리고 실제로 많이 부족한 사람에게 주의 구원이 임합니다. 그러니 저와 여러분도 구원의 확신을 품어도 됩니다.

구원의 확신을 품지 못하는 사람의 특징이, 자꾸 자기 자신을 바라봐요. 내 안에 뭔가 귀한 것이 있는지, 나에게 어떤 자격이 있는지, 자꾸 자신을 바라봐요. 그러면 확신을 품을 수가 없어요. 나는 부족하니까. 나를 보면 확신을 품으래야 품을 수가 없습니다. 이단들 중에 그걸 파고드는 이단들이 있습니다. 너에게 구원 받을 자격이 있느냐? 네가 구원 받을 공로가 있느냐? 그 불안감을 틈타고 우리의 믿음을 흔들어 놓는데, 성경적이지 않습니다. 그래서 이단입니다. 우리가 바라볼 대상은 나 자신이 아니라 오직 주님입니다.

진실을 선포하건대, 구원은 내 안에서 나오는 게 아니라 오직 하나님으로부터 나옵니다. 나는 부족하지만 그것이 나의 구원을 막지 못합니다. 구원은 애초에 내 안에서가 아니고 하나님의 은혜로 임하기 때문입니다. 8절에 "우리가 아직 죄인 되었을 때에." 다시 말해, 우리가 아무런 자격이 없이 너무나 부족할 때, 그때 "그리스도께서 우리를 위하여 죽으심으로 하나님께서 우리에 대한 자기의 사랑을 확증하셨느니라." 성도 여러분, 구원의 확신을 품으시기 바랍니다. 나를 향한 하나님의 사랑을 누리시기 바랍니다. 받은 구원을 누릴 줄 아는 행복한 성도들 되시기를 주의 이름으로 축원합니다. 아멘.

2. 기뻐하라

두 번째, 구원을 누리는 삶이 무엇이냐? 두 번째는 기쁨입니다. 구원을 기뻐하라! 오늘 본문의 언어로는 즐거움입니다. 2절에 "또한 그로 말미암아 우리가 믿음으로 서 있는 이 은혜에 들어감을 얻었으며 하나님의 영광을 바라고 즐거워하느니라." 마지막 부분을 이렇게 읽어도 좋아요. 즐거워하자! 구원을 누리는 삶이란, 구원으로 즐거워하는 삶입니다.

앞서 살핀 확신이 의지적인 누림이라면, 지금 묵상하는 즐거움은 감정적인 누림이라고 할 수 있습니다. 우리 삶에 감정이 참 중요하잖아요. 존 파이퍼 목사는 기독교 희락주의(Christian hedonism)를 주창하였습니다. 기독교 기쁨주의, 혹은 오늘 본문의 언어를 쓰면 기독교 즐거움주의로 읽어도 좋아요. 이분이 성경을 찬찬히 읽고 연구해 보니 결론이, 복음은 기쁨이다. 기독교는 기쁨의 종교라는 결론에 이른 거예요. 참 맞는 말입니다.

복음을 제대로 알면 기뻐할 수밖에 없어요. 영원한 생명의 선물, 이 땅에서는 도무지 구할 수도 없는 너무도 귀한 선물을 받았는데 어떻게 기쁨이 없겠어요? 복음이 주는 기쁨, 구원의 기쁨이 모든 성도들에게 임하기를 주님의 이름으로 축복합니다. 아멘. 다른 말로, 받은 구원을 누리는 사람이 되시기 바랍니다. 항상 기뻐하라(살전 5:16)는 선언을 잘 기억하실 겁니다. 상황을 거슬러 늘 기뻐하라는 말인데, 그 배경에 복음이 있습니다. 상황을 거슬러 복음을 누리라. 복음으로 기뻐하라. 그 말입니다.

물론 이것도 쉬운 일은 아닙니다. 기쁨은 명령하는 게 아니고 자연스레 우러나야 합니다. 감정은 억지로 명령한다고 되는 것이 아닙니다. 간혹 이것 때문에 힘들어 하는 분들이 있습니다. 왜 내 안에는 기쁨이 우러나지 않는 것일까? 가슴 벅찬 구원을 받았는데, 왜 내 안에는 기쁨이 솟아나지 않는 것일까? 혹시 내 안에는 구원이 임하지 않았기 때문이 아닐까? 기쁨을 누리지 못해서 구원의 확신까지 흔들리는 분이 더러 있습니다.

혹 이 자리에도 그런 분이 계신다면, 이 말씀 드리고 싶어요. 성도 여러분, 느낌을 믿지 말고 말씀을 믿으세요! 중요하니까 한 번 더 선포합니다. 성도 여러분, 감정적인 느낌을 믿지 말고 말씀을 믿으세요! 구원 받은 백성도 마음에 기쁨이 없을 수 있습니다. 구원을 받지 못해서가 아니고, 잘 느끼지 못해서 그렇습니다. 구원이 임하지 않아서 그런 게 아니고, 사람이 둔한 거예요. 정말 귀한 선물이 내 안에 들어왔는데, 잘 느끼지 못하는 겁니다.

이 땅에는 느낌이 잘 오는 것도 있지만, 체감적인 느낌이 잘 안 오는 것도 있습니다. 대체로 육체적인 질병과 치유는 느낌이 잘 옵니다. 코로나로 인해 온 세계가 고통을 겪고 있는데, 경험 담을 들어보면 감염이 되면 많이 아프다고 합니다. 기침도 나오고 열도 나고, 근육통을 호소하는 분들이 많습니다. 어떤 분의 표현을 빌면, 권투 선수한테 얻어맞은 느낌이라고 합니다. 그런데 치료를 받고 며칠 지나니 통증이 싹 사라졌고, 검사해 보니까 음성. 얼마나 안도했을까요? 병상에 누운 모든 분들이 이 기쁨을 맛보기를 바랍니다.

이렇게 육체의 질병은 느낌이 오는 경우가 많습니다. 그런데 구원은 때로 그렇지 않아요. 구원이 임해도 느낌이 없는 경우가 있습니다. 그래서 신앙을 고백하면서도 혹시 나는 구원 받지 않은 게 아닐까 의구심을 품는 분들이 있는데, 한 번 더 이 말씀 드리고 싶어요. 성도 여러분, 느낌을 믿지 말고 말씀을 믿으세요. 느낌이 없다고 실체가 없는 건 아닙니다. 느낌이 약하다고 내 안에 구원이 임하지 않은 건 아닙니다. 그냥 느낌이 적은 것뿐입니다.

사실 코로나도 그렇다고 합니다. 증상과 치유를 분명하게 느끼는 분들도 있지만, 안 그런 분들도 많다고 해요. 소위 무증상 감염자들입니다. 감염되었음에도 아무런 증상이 없는 거예요.

그러다보니 나았을 때도 잘 몰라요. 여기에 분명한 의학적인 원칙이 있습니다. 증상이 아니라 검사를 믿으라. 우리의 구원도 마찬가지, 우리가 믿어야 할 것은 느낌이 아니라 말씀입니다. 말씀 믿고 확신을 품으시기를 주님의 이름으로 축원합니다.

제가 이 말씀을 자꾸 드리는 이유는, 신앙생활 하는데 구원의 확신이 너무 중요합니다. 특히 건강한 신앙생활을 하는 데 있어서 구원의 확신이 흔들리면 안 돼요. 확신이 없으면 이상한 데 자꾸 휩쓸리고, 확신이 없으면 신앙의 자존감이 낮아지고 영적인 활력이 떨어집니다. 그래서 바울이 거듭 선포하는 말씀이, 받은 구원을 누리자! 받은 구원을 확신하고 즐거워하자!

그런 의미에서 저는 오늘 본문의 성경 번역이 참 좋아요. 1절에 "누리자"로 번역된 것은 문자 그대로 읽으면 "누린다" 혹은 "누리고 있습니다." 정도가 적당합니다. 그런데 우리말 성경이 "누리자"라고 번역했는데, 제 판단으로는 바울의 의도를 정확하게 살렸습니다. 2절도 마찬가지, "하나님의 영광을 바라고 즐거워하느니라." 라고 되어 있는데, 이것도 "즐거워하자"로 번역하는 게 좋다고 생각합니다.

사랑하는 성도 여러분, 누릴 줄 아는 성도들이 되시기 바랍니다. 우리 교회의 참 아름다운 전통이, 세례식에 꽃다발이 많아요. 한 사람이 세례를 받는데 얼마나 많은 분이 축하해주는지 몰라요. 교회를 여기저기 다녀봤지만 우리 교회처럼 격하게 축하하는 교회는 없어요. 그래서 너무 좋아요. 구원의 기쁨을 느낄 수 있도록 도와주는 겁니다. 당사자만 아니라 축하하는 분도 같이, 저 사람의 구원을 축하하면서 나도 다시금 구원의 기쁨을 느끼는 시간입니다. 분주한 삶 속에 잠시 잊고 살았던 구원의 기쁨을 새삼 마음에 새기는 시간이 됩니다. 이 아름다운 전통과 함께 구원의 기쁨, 체감적인 기쁨이 우리 안에 넘쳐나기를 소망합니다. 아멘.

3. 환난 중에도

마지막으로, 구원을 누리는 삶이 무엇인가? 마지막 셋째는 환난 중에도! 입니다. 구원을 확신하는 것이 구원을 누리는 삶이라고 했는데, 정말로 구원을 누리는 삶이 있어요. 언제도? 환난 중에도! 평탄할 때도 그렇지만 상황을 거슬러 환난 중에도 구원의 확신을 품고, 환난 중에도 구원의 기쁨을 누릴 수 있을 때, 이 거야말로 진정 구원을 누리는 삶입니다. 구원의 확신과 기쁨이 상황을 초월해야 한다는 말입니다.

3절이 그 말씀입니다. "다만 이뿐 아니라 우리가 환난 중에도 즐거워하나니." 기쁜 일이 있을 때 기뻐하고 힘겨운 일이 있을 때 힘겨워하는 사람이 그냥 사람이라면, 기쁜 일이 있을 때도 기뻐하지만 힘겨운 일이 있어도 여전히 기뻐하는 사람은 구원 받은 그리스도인입니다. 아멘. 구원이 주는 기쁨은 환난을 이깁니다. 구원이 선물하는 행복의 신비가 있으니, 성도로 하여금 환난을 이기게 합니다. 상황을 초월하게 합니다. 사망의 음침한 골짜기를 다닐지라도 예수 십자가의 구원이 나에게 있으니 내게 부족함이 없으리로다! 상황을 초월하는 구원의 기쁨이 저와 여러분의 삶에 풍성하게 넘쳐나기를 소망합니다.

물론 말처럼 쉽지 않습니다. 선포는 쉬워도 경험은 쉽지가 않아요. 사람이라면 누구나 환난이 닥치면 힘겨워하게 마련입니다. 어려움 앞에서 기쁜 마음을 유지하기란 인간적으로 결코 쉬운 일이 아닙니다. 그러나 성도라면 그렇게 할 수 있어야 합니다. 성도라면 그렇게 할 수 있습니다. 그것이 바로 믿음입니다. 그것이 바로 믿음의 힘입니다.

우리의 믿음을 고백하건대, 우리에게 닥치는 환난은 우리를 무너뜨리는 환난이 아니고, 단지 우리를 더 단단하게 하는 통로일 뿐입니다. 아멘. 성도에게 닥치는 환난은 무너뜨리는 환난이 아니고, 더 단단한 성도로, 더 성숙한 성도로 만드는 연단입니다. 아멘. 이유인즉 우리는 환난 중에도 구원 안에 있기 때문입니다. 어려움 중에도 우리는 구원의 주님의 손 안에 있기 때문입니다. 그래서 선포하기를, "환난은 인내를, 인내는 연단을, 연단은 소망을 이루는 줄 앎이로다." 아멘.

환난이 우리의 기쁨을 흔들어놓을 수는 있지만, 환난은 우리의 구원을 흔들지는 못합니다. 환난이 우리의 즐거움은 흔들 수 있습니다. 어려움이 우리의 감정을 흔들어놓을 수 있어요. 그러나 믿음으로 고백하건대, 그 무엇도 주께서 우리에게 선물하신 구원을 흔들지는 못합니다. 우리가 아직 연약할 때에 우리를 위해 죽어주신 주님의 은혜, 그분이 선물하는 구원은 그 무엇도 흔들 수 없습니다. 심지어 우리의 의구심도 그분의 구원을 흔들 수는 없습니다. 우리는 흔들려도 그분은 흔들리지 않기 때문입니다. 때로 우리의 기쁨이 흔들리고, 우리의 즐거움이 흔들리는 순간에도 우리의 구원은 주님의 은혜 안에서 영원히 견고할 것입니다. 아멘.

결론 – 기뻐하라.

말씀 정리합니다. 사랑하는 성도 여러분, 누리는 성도들 되시기 바랍니다. 귀한 성도가 어떤 성도일까요? 많은 분들이 인내와 승리를 주목합니다. 인내하는 성도가 귀한 성도이고, 승리하는 성도가 귀한 성도라고 하는데, 맞는 말입니다. 그런데 오늘은 이 말씀 드리고 싶어요. 누릴 줄 아는 성도가 되시기 바랍니다.

다른 말로, 구원의 확신을 품으세요. 나같이 부족한 사람이 어떻게? 이러지 말고, 나같이 부족하니까 은혜가 임하는 거예요. 나같이 못난 사람에게 은혜가 임하는 겁니다. 나의 부족함을 거슬러 구원의 기쁨을 누릴 줄 아는 성도들이 되시기 바랍니다. 심지어 환난 중에도! 환난 중에도 누리세요. 환난 중에도 믿음으로 기뻐하시고, 구원의 확신 가운데 평안을 누리시기 바랍니다. 때로 내 마음이 흔들릴 때 느낌을 믿지 말고 말씀을 믿으세요. 상황보다 말씀을 붙들고 하루하루 복음을 누리며 살아가는 복된 성도들 되시기를 주의 이름으로 축원합니다. 아멘.

<생각할 거리>

1. 구원을 받는 것과 받은 구원을 누리는 것은 같은 말일까요, 다른 말일까요? 구원을 받고도 누리지 못하는 사람이 있을까요?

2. 나는 구원을 확신합니까? 혹 확신하지 못한다면 그 이유는 무엇인가요? 그 이유는 나의 느낌인가요, 아니면 말씀에 근거한 합당한 이유인가요?

3. 내 안에 구원의 기쁨이 있습니까? 상황을 초월하는 기쁨이 있습니까? 혹 그렇지 못하다면 이유가 무엇일까요?

4. 빈 칸을 채우세요.

   나의 _____을 믿지 말고 _____을 믿으세요.

복음의 그릇(2)

신뢰의 그릇 -
예수 십자가의 거대함을 신뢰하라

(롬 5:12-21)

<설교 구상>

한 분 예수님이 온 인류를 구원하실 수 있을까? 본문의 이면에 숨은 질문이면서, 오늘 설교가 터치하는 중심 이슈다. 대답은, 충분히 가능하다! 왜냐하면 예수님은 단지 한 사람이 아니고, 단지 사람도 아니다. 그분은 창조주 하나님의 외아들이요, 심지어 그분 자신이 온 우주와 인생의 창조주시다. 그분의 무게를 일개 사람으로 보는 것은 세상에서 가장 어리석은 과소평가다.

오늘 설교는 과소평가라는 일상의 단어를 통해 복음의 거대함을 묵상한다. 예수님의 무게와 더불어 죄의 무게도 터치한다. 죄를 과소평가하지 말라. 죄의 영향력을 결코 가벼이 볼 수 없다. 눈에 보이지 않는 바이러스가 온 인류의 삶을 강타하는 것 이상으로 눈에 보이지도 않는 죄가 인류의 삶을 영원한 어둠으로 몰아간다. 그러나 예수 십자가의 거대함은 모든 죄를 덮고도 남음이 있다. 죄의 무게를 마음껏 인정할 수 있는 것은, 우리의 죄를 능히 깨끗하게 씻어내시는 예수 십자가의 힘을 알기 때문이다.

복음의 그릇(2)

신뢰의 그릇 –
예수 십자가의 거대함을 신뢰하라

(롬 5:12-21)

12 그러므로 한 사람으로 말미암아 죄가 세상에 들어오고 죄로 말미암아 사망이 들어왔나니 이와 같이 모든 사람이 죄를 지었으므로 사망이 모든 사람에게 이르렀느니라 13 죄가 율법 있기 전에도 세상에 있었으나 율법이 없었을 때에는 죄를 죄로 여기지 아니하였느니라 14 그러나 아담으로부터 모세까지 아담의 범죄와 같은 죄를 짓지 아니한 자들까지도 사망이 왕 노릇 하였나니 아담은 오실 자의 모형이라 15 그러나 이 은사는 그 범죄와 같지 아니하니 곧 한 사람의 범죄를 인하여 많은 사람이 죽었은즉 더욱 하나님의 은혜와 또한 한 사람 예수 그리스도의 은혜로 말미암은 선물은 많은 사람에게 넘쳤느니라

서론 - 과소평가

오늘의 말씀은, 과소평가입니다. 과할 과(過)에, 작을 소(小) 여기에 평가(評價)를 더해서 과소평가. 실재에 비해 너무 작게 평가한다는 말입니다. 무언가의 크기를 충분히 헤아리지 못하는 것을 말합니다. 과소평가는 우리 삶에 큰 낭패를 가져다주는 어리석은 행동 가운데 하나입니다. 스포츠 경기에서 상대방의 실력을 과소평가하거나, 태풍이 다가오는데 그 강도를 과소평가할 때 큰 상처를 입을 수 있습니다. 그래서 지혜로운 사람은 함부로 과소평가하지 않습니다. 큰 것을 크게 보고 무거운 것을 무겁게 볼 줄 아는 것이 삶의 지혜입니다.

신앙의 세계도 마찬가지, 성숙한 신앙은 함부로 과소평가하지 않습니다. 세상이 눈이 어두워 가볍게 여기는 것도 성숙한 신앙은 무겁게 볼 줄 압니다. 겉보기에 왜소해 보이지만 그 안에 생각지 못한 거대한 힘이 들어 있는 경우가 있는데, 성숙한 신앙은 작은 것 속에 감추어진 힘을 놓치지 않습니다.

이 시간 로마서 말씀을 통해 혹시 우리가 과소평가하고 있는 것이 무엇이 있는지를 살펴보려 합니다. 귀한 깨달음의 시간이 되시고, 성숙한 삶을 위한 요긴한 묵상의 시간이 되기를 바랍니다. 우리가 유념해야 할 과소평가의 대상은 무엇이 있을까요?

1. 한 사람을 과소평가하지 말라

먼저 한 사람입니다. 한 사람을 과소평가하지 말라. 한 사람은 결코 작지 않습니다. 그러니 한 사람의 힘을 가벼이 여기지 말라. 한 사람의 영향력을 과소평가하지 말라. 오늘 주께서 우리에게 주시는 거룩한 지혜입니다. 흔히 한 사람 앞에 '겨우' 혹은 '한낱'이라는 수식어를 붙이곤 합니다. 심지어 '애개'라는 수식어를 달기도 하는데, 결코 지혜롭지 않습니다. 한 사람은 그럴 대상이 아닙니다. 한 사람은 겨우도 아니고, 한 사람은 한낱도 아닙니다. 한 사람은 보기보다 크고, 심지어 한 사람이 전부가 될 수도 있습니다.

12절을 함께 읽겠습니다. "그러므로 한 사람으로 말미암아 죄가 세상에 들어오고 죄로 말미암아 사망이 들어왔나니 이와 같이 모든 사람이 죄를 지었으므로 사망이 모든 사람에게 이르렀느니라." 본문은 인류의 멸망을 다루고 있는데, 그 시작이 몇 사람? 한 사람입니다. "한 사람으로 말미암아 죄가 세상에 들어오고" 그 한 사람으로 인해 온 인류에게 멸망이 임했다는 말씀입니다. 한 사람의 크기가 그만큼 크다는 의미입니다.

한 사람의 영향력이 얼마나 대단한지를 온 세계가 뼈저리게 체감하고 있습니다. 코로나19 전염병으로 온 세계가 힘겨운 시간을 보내고 있습니다. 전염병 앞에서는 강대국도 없고, 약소국도 없습니다. 처음 중국에서 발병했을 때는 상대적으로 낙후된 지역이라서 그렇겠지 하는 선입견도 있었는데, 펼쳐지는 상황을 보면 선진국도 예외가 아닙니다. 최고의 선진국이라는 미국에서조차 사망자들이 너무 많아서 아이스링크에 시신을 안치한다는 소식까지 들려옵니다. 미증유(未曾有)의 엄청난 아픔이 온 세계를 뒤덮고 있습니다.

그런데 이 엄청난 일이 어디서 시작되었느냐? 한 사람입니다. 누군지는 모르지만, 한 사람에게서 시작이 된 겁니다. 한 사람을 통해 전염병이 들어오고, 그 한 사람으로 인해 온 세상에 어둠이 임하고 있습니다. 부정적인 차원입니다만, 한 사람의 무게가 얼마나 큰지를 뼈저리게 느끼는 시간입니다.

오늘의 말씀, 한 사람을 가벼이 여기지 말라. 세상 이치이기도 하지만, 성경이 가르치는 진실이기도 합니다. 부정적인 면에서도 그렇고, 긍정적인 면에서도 그러합니다. 한 사람의 무게는 '겨우' 한 사람도 아니고 '한낱' 한 사람도 아닙니다. 한 사람이 전부일 수도 있습니다. 한 사람을 크게 볼 줄 아는 지혜가 우리에게 있기를 바랍니다. 한 사람을 돌보는 것이 온 세상을 돌보는 일일 수 있습니다. '나 한 사람쯤이야'가 아니라 '나 한 사람이라도'라는 결단이 새로운 변화의 시작이 될 수 있습니다.

2. 죄를 과소평가하지 말라

두 번째, 우리가 과소평가해서는 안 되는 것이 또 무엇이 있을까? 이번에는 죄입니다. 죄를 과소평가하지 말라. 죄의 힘과 죄의 파급력을 절대 가벼이 보지 말라. 12절을 다시 보면, 한 사람이라는 단어와 함께 죄라는 단어가 도드라집니다. "그러므로 한 사람으로 말미암아 죄가 세상에 들어오고 죄로 말미암아 사망이 들어왔나니." 생명으로 가득하던 인류에게 사망이 덮쳤는데, 그 이유가 뭐냐? 죄입니다. 눈에 잘 보이지도 않는 죄, 손에 잘 만져지지도 않는 죄가 사망을 초래한다는 겁니다. 그러니 죄를 가벼이 여기지 말라.

근자에 우리는 전염병의 힘을 온 몸으로 느끼고 있습니다. 눈에 보이지도 않고, 손에 만져지지도 않지만 괴력이라고 부를 정도로 인류의 삶을 강타하고 있습니다. 지진도 우리 삶을 흔들고, 사고도 우리의 삶을 흔들어 놓지만, 비교할 수 없이 강력한 힘으로 우리 삶의 근간을 근본적으로 전세계적으로 흔들어놓고 있습니다. 지금도 그렇지만 앞으로 그 누구도 전염병의 파괴력을 가벼이 여기지 않을 겁니다.

그런데 성경이 또 한 가지 우리 삶에 엄청난 파괴력을 가진 재난을 소개하는데, 죄입니다. 죄를 힘과 파급력을 결코 가벼이 여기지 말라. 성경은 죄를 단지 윤리적인 차원에서 보지 않습니다. 단지 옳고 그름의 차원으로 보지 않아요. 오히려 생과 사의 문제로 봅니다. 사실이 그러하기 때문입니다. "죄의 삯은 사망이요."(롬 6:23)

그런데 안타깝게도 죄인이 이걸 잘 모릅니다. 전염병의 두려움은 알면서 죄의 두려움은 잘 체감하지 못합니다. "전염병에 걸리면 어떡하지?" 많은 이들이 두려워하는데, "죄를 지으면 어떡하지?" 죄에 대해선 그렇게 심각하게 생각하지 않습니다. 두려워하는 것이 있다면, "내 죄를 들키면 어떡하지?" 정도입니다. 그런데 성경이 말하는 죄의 두려움은 단지 들키고 안 들키고의 문제가 아닙니다. 성경이 말하기를, 죄 자체가 두렵습니다. 드러나지 않아도, 들키지 않아도 죄 자체가 우리 삶을 위협합니다.

신앙을 가진다는 것이 무슨 의미일까? 많은 의미가 있겠지만, 죄를 두려워하는 마음도 중요한 요소입니다. 성도 여러분, 죄 무서운 줄 아는 사람이 되시기 바랍니다. 죄를 두려워할 줄 아는 진실한 신앙인이 되시기를 주의 이름으로 축원합니다. 아멘.

3. 예수를 과소평가하지 말라

한 걸음 나아가 세 번째, 우리가 과소평가해서는 안 되는 것이 또 무엇이 있을까? 셋째는 예수님입니다. 예수를 과소평가하지 말라. 죄인들의 마음에 죄의 영향력이 과소평가된다면, 죄와 더불어 죄를 물리치는 예수님의 구원 능력도 자주 과소평가 됩니다. 죄는 강하지만 예수는 더 강합니다. 오늘 본문의 배경에 한 가지 의구심이 깔려 있습니다. 예수님 혼자 온 인류를 구원할 수 있을까? 죄를 범한 사람은 수억, 수십억인데, 혈혈단신 예수님 한 분이 우리를 다 구원할 수 있을까? 본문의 이면에 이런 의구심이 깔려있고, 오늘 본문은 그에 대한 대답입니다. 대답이 뭘까요? 가능하다! 예수 한 분이면 충분히 가능하다! 아멘.

17절에 "한 사람의 범죄로 말미암아 사망이 그 한 사람을 통하여 왕 노릇 하였은즉." 나머지는 같이 읽습니다. "더욱 은혜와 의의 선물을 넘치게 받는 자들은 한 분 예수 그리스도를 통하여 생명 안에서 왕 노릇하리로다." "한 분 예수 그리스도" 여기에 주목하세요. 예수 한 분으로 가능하다! 이 선언입니다. 한 사람의 크기를 과소평가하지 말라고 했는데, 사람 중에서도 우리 예수님을 결코 과소평가하지 말라. 우리 주님께 사람이라는 이름이 걸맞은지 모르지만, 그분의 크기를 절대 과소평가해서는 안됩니다. 그분은 정말 거대합니다. 거대하다는 말이 너무나 왜소할 정도로 거대합니다. 그래서 그분이면 충분합니다.

예수님을 단지 사람으로 보는 건 참 신앙이 아닙니다. 단지 존경스러운 분으로, 단지 선하고 거룩한 분으로 존경하는 것은 참 신앙이 아닙니다. 예수를 믿는다는 건 그분을 하나님으로 믿는 겁니다. "태초에 말씀이 계시니라. 이 말씀이 하나님과 함께 계셨으니 이 말씀은 곧 하나님이시니라."(요 1:1) 여기서 말씀은 예수님을 가리킵니다. 예수님이 곧 하나님이라는 고백입니다. 단지 한 사람이 아닙니다. 2절에 "그가 태초에 하나님과 함께 계셨고", 3절에 "만물이 그로 말미암아 지은 바 되었으니." 태초에 하나님이 천지를 창조하실 때 예수님이 함께 하셨고, 창조 과정에 예수님이 참여하셨다는 말입니다. "지은 것이 하나도 그가 없이는 된 것이 없느니라." 예수님은 무려 창조주 하나님이십니다. 아멘.

언젠가 우리가 주님을 만날 때 첫 감정이 무엇일까? 반가움일까요? 손을 흔들며 "주님, 반가워요!" 그렇게 반갑게 주님을 만나게 될까요? 그럴 수도 있습니다. 그런데 반가움도 있겠지만 그보다 두려움일 겁니다. 그분을 대면하는 첫 감정은 그 무엇보다 두려움일 겁니다. 왜냐하면 그분은 정말로 두려운 분이기 때문입니다. 물론 인자한 분이기에 반갑게 맞아주시겠지만, 함부로 그분을 바라보지 못할 겁니다. 워낙 크신 분이고, 워낙 거대한 분이십니다. 감히 범접할 수 없는 창조주 하나님.

중학교 3학년 때 우주를 머리에 담아보려다 머리가 터질 뻔한 일이 있습니다. 느낌이 그랬습니다. 눈을 감고 우주의 끝을 더듬어 보았습니다. 물론 상상 속에서입니다. 일단 지구를 머리에 담았습니다. 상상 속에서 지구에서 멀리 떨어져 보았습니다. 지구가 작은 점이 될 때까지. 그리고는 더 멀리 태양계가 작은 점이 되게 하고, 또 은하계가 점이 되게 하고. 그렇게 제 작은 머리에 우주를 담아내는데, 갑자기 온 몸에 공포감이 밀려왔습니다. 이러다가 머리가 잘못될 거 같은 느낌이 들었습니다. 그래서 급히 눈을 뜨고, 도리도리를 하고 마음을 수습했습니다. 그 날은 잠을 거의 못 잤던 거 같습니다. 저로는 굉장히 특이한 경험이었는데, 알고 보니 저만의 경험이 아니었습니다. 과학 잡지에서 비슷한 고백을 하는 분의 글을 본 적이 있습니다.

그 공포의 실체가 무엇일까? 유한한 인간의 머리에 무한한 우주를 담으려 할 때 머리에 무리가 온 겁니다. 지금 생각해도 오싹한 공포였습니다. 우주가 정말로 큰 모양입니다. 상상하는 것만으로도 공포가 밀려올 만큼. 하물며 그 우주를 창조하신 하나님은 얼마나 더 크실까요? 지금 돌아보면 그때의 공포는 우주의 크기를 넘어 하나님의 크기가 주는 공포였습니다. 어쩌면 그때 제가 하나님의 그림자를 경험한 것인지도 몰라요. 신비적인 차원이 아니고, 하나님이 얼마나 크신 분인지, 창조주 하나님이 얼마나 거대한 분인지를 우주를 통해 간접 경험한 순간이었다고 생각합니다. 그분이 만드신 우주조차 머리에 담지도 못하는데, 그 우주를 만드신 주님은 얼마나 크신 분일까? 주님을 만날 때 첫 감정이 두려움이 될 것이라고 했는데, 그 두려움의 편린을 그때 제가 느꼈는지도 몰라요.

많이 둘러왔는데, 성도 여러분, 예수님은 크신 분입니다. 그래서 그분 한 분으로 충분합니다. 그분은 우주만물의 창조주 하나님이십니다. 이단들 중에, 교주가 하나님을 사칭하는 경우가 있는데, 참 겁도 없는 사람들입니다. 우리 주님은 감히 인간 따위가 참칭할 분이 아닙니다. 주님은 크신 분입니다. 신앙이 깊어진다는 것은 주님의 거대함을 느껴가는 것도 포함합니다. 예수님을 과소평가하지 마세요. 그분 한 분이면 충분합니다.

4. 십자가를 과소평가하지 말라

계속해서 과소평가해서는 안 될 것이 무엇일까? 이번에는 십자가입니다. 예수님과 맞물려 있는 이름입니다. 십자가를 과소평가하지 말라. [그리스도의 십자가]라는 책이 있습니다. 저자가 존 스토트인데 굉장히 두꺼워요. 첫 인상이 그거였습니다. 너무 두껍다. 십자가 한 단어를 가지고 이렇게 쓸 말이 많은가? 약간 부정적인 마음으로 책을 펼쳤던 기억이 있습니다. 그런데 지금 생각하면 참 어리석은 생각이었습니다. 십자가의 무게를 생각하면 그 책은 전혀 두껍지 않았습니다. 두 배, 세 배, 아무리 두꺼운 책이라도 십자가의 깊이를 온전히 헤아릴 수는 없습니다.

표현이 조금 경박해 보여도, 이 말씀 드리고 싶어요. 십자가의 세척력을 과소평가하지 말라! 나의 죄가 지워질 수 있을까? 간혹 그런 생각이 들잖아요. 내가 저지른 죄가 흔적도 없이 사라질 수 있을까? 말처럼 쉽지 않은 것이, 옷에 묻은 얼룩도 잘 안 지워집니다. 특히 과일 얼룩이 지우기가 참 어렵습니다. 옷이 헤지도록 문질러도 옷만 헤어지지 얼룩은 그대로 남아 있는 경우도 있습니다. 우리의 죄도 그럴 수 있습니다.

예레미야 선지자가 선포하기를 "구스인이 그의 피부를, 표범이 그의 반점을 변하게 할 수 있느냐? 할 수 있을진대 악에 익숙한 너희도 선을 행할 수 있으리라."(렘 13:23) 구스인은 아프리카 흑인을 가리킵니다. 흑인이 그 피부를 희게 할 수 있느냐? 표범이 반점을 없앨 수 있느냐? 그게 가능하면 너희에게서 죄가 벗어지리라. 무슨 말일까요? 안 된다는 겁니다. 죄인이 그 죄에서 벗어나는 일, 죄인의 몸에서 죄를 씻어내는 것이 결코 쉽지 않다는 거예요. 엎질러진 물을 어찌 주워 담으며, 이미 저지른 죄가 어찌 쉽게 지워지랴.

신앙이 깊다는 것은 죄의 두려움을 아는 겁니다. 성경은 죄의 두려움을 잘 압니다. 그 어떤 항우장사도 감당하기 어려운 죄의 파괴력을 성경이 인정합니다. 그런데 감사하게도 성경은 죄의 강함도 선포하지만, 죄를 넘어 구원의 가능성을 선포합니다. 이

사야 선지자를 통해 주께서 선포하길 "너희의 죄가 주홍 같을지라도 눈과 같이 희어질 것이요 진홍 같이 붉을지라도 양털 같이 희게 되리라."(사 1:18) 아멘. 죄가 지워질 수 있다는 겁니다. 죄가 충분히 지워질 수 있다는 거예요.

어떻게 이런 선언을 할 수 있었을까? 비밀은 예수님입니다. 이사야 선지자인데, 예수님의 오심을 예견한 분입니다. 구약 선지자들 중에 예수님의 오심을 가장 실제적으로 예견하신 분입니다. 예수님의 탄생도 예언하였고, 또 예수님의 십자가를 누구보다 자세히 예언한 분입니다. 말하자면, 구약 선지자들 중에 예수님을 가장 잘 아는 분입니다. 이분이 말씀하시길, 가능하다! 지워질 수 있다! 이사야의 자신감의 출처는 다름 아닌 예수님입니다. 예수님의 힘, 예수 십자가의 거대한 힘을 이분이 알았던 겁니다. 그래서 선포하기를 "너희의 죄가 주홍 같을지라도 눈과 같이 희어질 것이요 진홍 같이 붉을지라도 양털 같이 희게 되리라."

성도 여러분, 십자가는 가능합니다! 세상 모든 방법이 불가능해도, 예수 십자가는 가능합니다. 나의 죄가 아무리 깊고 어두워도, 예수 십자가는 우리의 모든 죄를 정결하게 씻어낼 수 있습니다. 십자가를 과소평가하지 마세요. 단지 못 박히고 찡그리고 그게 아닙니다. 예수 십자가는 우리의 모든 죄악을 깨끗이 씻어내는 하나님의 능력입니다.

심지어 십자가는 나를 전혀 새로운 피조물로 빚어낼 수 있습니다. 아멘. "누구든지 그리스도 안에 있으면 새로운 피조물이라. 이전 것은 지나갔으니 보라 새 것이 되었도다."(고후 5:17) 아멘. 매주일 예배 시마다 선포하는 구절인데, 십자가의 능력을 노래합니다. 죄가 많아서 그런지 저는 이 구절이 참 좋아요. 무슨 뜻이냐? 십자가는 가능하다! 이 말입니다. 우리의 죄도 강하지만, 예수 십자가는 더 강합니다. 능히 우리의 모든 죄악을 씻어 내고도 남음이 있습니다. 그러니 성도 여러분, 예수 믿고 사세요. 십자가를 믿으세요. 아멘.

5. 구원의 영광을 과소평가하지 말라

마지막으로 이 말씀도 드리고 싶어요. 구원의 영광을 과소평가하지 말라. 예수 십자가가 우리에게 선물할 구원의 영광을 과소평가하지 말라. 주님 다시 오시는 그 날 우리에게 완전한 구원이 임하게 될 터인데, 정말 행복한 순간이 될 겁니다. 영광스러운 순간이 될 겁니다. 무엇을 상상하든 그 이상일 겁니다. 기대하셔도 좋습니다.

17절에 "한 사람의 범죄로 말미암아 사망이 그 한 사람을 통하여 왕 노릇 하였은즉 더욱 은혜와 의의 선물을 넘치게 받는

자들은 한 분 예수 그리스도를 통하여 생명 안에서 왕 노릇 하
리로다.” 왕 노릇이라고 말합니다. 왜 이 단어일까? 당시 사전에
있던 단어 중에 가장 영광스럽고, 가장 존귀한 단어였기 때문입
니다. 주의 백성의 영광을 묘사할 단어가, 당시로서는 왕밖에 없
는 것이죠. 왕 노릇하리라.

세상은 그 영광을 잘 몰라요. 세상은 성도의 영광을 잘 모르
고, 세상은 성도의 존귀함을 잘 몰라요. 그러니까 교회를 비난하
고, 성도를 낮추어 보고, 가벼이 보기도 합니다. 이상한 종교 집
단인 듯이, 사이비인 듯 바라보는데, 후회할 날이 올 겁니다. 그
날이 오면 그 눈이 얼마나 잘못되었는지를 알게 될 겁니다. 예수
의 이름이 사람을 얼마나 존귀하게 만들고, 예수 십자가가 사람
을 얼마나 아름답게 만드는지를 보게 될 겁니다.

세상도 그렇지만, 그 날이 오면 우리 자신도 놀라게 될 것입
니다. 내가 얼마나 존귀한 사람인지. 예수 믿는 것이 얼마나 행
복한 일인지 내가 미처 몰랐었구나. 내가 구원의 영광을 너무 과
소평가했구나. 행복한 놀라움의 순간이 될 것입니다.

결론 - 행복한 기대를 품고 살라

말씀 정리합니다. 오늘의 말씀은, 과소평가하지 말라. 신앙을
가진다는 것은 진실을 보는 눈을 가지는 겁니다. 무거운 것은 무

겁게, 가벼운 것은 가볍게! 세상의 눈과 다른 새로운 눈을 가지는 것이 신앙입니다. 한 사람을 과소평가하지 말라. 죄를 결코 가벼이 여기지 말라. 무거운 것이니 무겁게 볼 줄 알아야 합니다.

여기서 끝이 아니고, 예수를 과소평가하지 말라. 십자가를 과소평가하지 말라. 예수 한 분으로 충분합니다. 예수님의 십자가로 충분합니다. 우리의 죄가 아무리 깊어도 믿음으로 나오는 모든 자를 능히 구원하시며, 능히 영원한 영광을 선물해 주실 것입니다. 무엇보다 장차 우리에게 임할 구원의 영광을 가벼이 여기지 말라. 무엇을 상상하든 그 이상일 겁니다. 우주보다 크신 예수님이 우리에게 선물할 영원한 구원의 영광을 기대하며 살아가는 복된 인생들 되시기를 주의 이름으로 축원합니다. 아멘.

<생각할 거리>

1. 무언가를 과소평가해서 낭패를 본 일이 있습니까?

2. 한 사람이 전부가 될 수 있다는 말에 공감하시나요?

3. 예수님 한 분의 희생이 온 인류를 구원할 수 있음을 믿으십 니까? 나는 혹시 예수님의 크기를 과소평가하고 있지 않습니 까?

4. 예수님의 십자가가 온 인류의 죄를 정결하게 씻을 수 있음을 믿으십니까?

5. 장차 나에게 임할 구원의 영광을 나는 얼마나 기대하고 있습 니까? 구원의 영광을 과소평가하고 있지는 않을까요?

복음의 그릇(3)

깨진 그릇 -
깨진 그릇에 은혜를 담지 말라

(롬 6:1-18)

<설교 구상>

깨진 그릇도 있다. 그릇의 모양은 갖추었지만 바닥이 깨져서 아무 것도 담을 수 없는 그릇이 있다. 복음을 담는 그릇 중에도 그런 것이 있는데, 먼저 남용의 그릇이다. 이제 구원 받았으니 죄를 지어도 되겠네? 구원의 은혜를 남용하는 태도다. 궤변의 그릇도 있다. 내가 죄를 지을수록 주님의 은혜는 더 커지고, 내가 악할수록 주님이 더 빛나는 것 아닌가? 말재주는 그럴싸하나, 논리의 탈을 쓴 복음에 대한 모욕에 불과하다. 이런 마음에는 주님의 은혜가 담길 수 없다.

그렇다면 주신 복음을 오롯이 받아내는 참 그릇은 무엇일까? 먼저 정체성의 그릇이다. 주님의 사람이라는 확고한 정체성이 필요하다. 또한 몸부림의 그릇이다. 비록 실패할 때도 있지만 은혜의 구원을 받은 자로서 성심을 다해 성도의 삶을 살아내려는 뜨거운 몸부림이야말로 은혜의 복음을 받아내는 아름다운 그릇이 된다. 성도로서 그런 그릇에 생명의 복음을 받자는 도전의 메시지다.

깨진 그릇 –
깨진 그릇에 은혜를 담지 말라

(롬 6:1-18)

1 그런즉 우리가 무슨 말을 하리요 은혜를 더하게 하려고 죄에 거하겠느냐 2 그럴 수 없느니라 죄에 대하여 죽은 우리가 어찌 그 가운데 더 살리요 3 무릇 그리스도 예수와 합하여 세례를 받은 우리는 그의 죽으심과 합하여 세례를 받은 줄을 알지 못하느냐… 15 그런즉 어찌하리요 우리가 법 아래에 있지 아니하고 은혜 아래에 있으니 죄를 지으리요 그럴 수 없느니라 16 너희 자신을 종으로 내주어 누구에게 순종하든지 그 순종함을 받는 자의 종이 되는 줄을 너희가 알지 못하느냐 혹은 죄의 종으로 사망에 이르고 혹은 순종의 종으로 의에 이르느니라

서론 - 깨진 그릇

오늘의 말씀은, 깨진 그릇입니다. 깨진 그릇에 은혜를 담지 말라! 귀한 것을 받기 위해서는 그릇이 준비되어야 합니다. 우리 속담에 "밑 빠진 독에 물 붓기"라는 말이 있죠. 다른 말로, "깨진 독에 물 붓기"라는 말인데, 안 들어간다는 겁니다. 밑 빠진 독에는 물이 들어갈 수가 없어요. 보다 정확히는 물이 들어갈 수는 있는데, 담기지가 않습니다. 아무리 시원한 생수가 공급되어도 그릇이 준비되지 않으면, 그릇이 깨져 있으면 다 허비되게 됩니다.

은혜도 마찬가지, 주님의 은혜가 우리에게 공급되지만 그릇이 준비되지 않으면 우리 안에 머물 수가 없습니다. 깨진 독에서 물 새어나가듯이 깨진 마음과 깨진 그릇에는 주님의 은혜가 머물지를 못해요. 주님은 주셨지만 정작 우리는 받지를 못하는 거죠. 그래서 주시는 말씀이, 깨진 그릇에 은혜를 담지 말라. 어떤 그릇이 있을까요? 주의 은혜를 담아내지 못하는 깨진 그릇은 무엇이 있을까? 묵상하실 때 저와 여러분의 모습이 아니기를 바랍니다.

1. 남용의 그릇

먼저, 남용의 그릇입니다. 은혜를 남용하는 마음에는 은혜가 거하지를 못해요. 15절입니다. "그런즉 어찌하리요? 우리가 법

아래에 있지 아니하고 은혜 아래에 있으니 죄를 지으리요?" 주의 은혜를 남용하는 모습을 소개하는 대목인데, 끝부분 결론이 이상합니다. 죄를 지으리요? 풀어서 읽으면, "우리가 은혜 아래 있으니, 이제는 죄를 지어도 되지요?" 이런 말입니다. 은혜로 시작해서 범죄 모의로 끝나는 모양새입니다.

묘한 흐름인데, 논리는 이겁니다. 우리는 은혜 안에 있으니, 율법이 우리를 정죄하지 못한다는 겁니다. 우리 죄를 위하여 고통당해주신 주님의 십자가 은혜 안에 있으니, 그 누구도 우리를 정죄하지를 못한다는 겁니다. 심지어 율법도! 그러니 이제는 죄를 지어도 상관이 없는 거지요? 이런 논리입니다. 이게 말이 되나요? 뉘앙스가 고약하지만, 영 틀린 말은 아닙니다. 논리적으로 반박하기 힘든 면이 있습니다. 물론 복음적인 태도가 아니고, 성도의 자세가 아닙니다. 아무리 죄인이라지만 이런 영악한 태도가 나올 수 있다는 것이 안타깝습니다.

이런 태도를 뭐라고 불러야 할까요? 남용입니다. 은혜를 남용하는 겁니다. 이런 마음에 복음이 임할 수 있을까요? 그럴 수 없느니라. 복음을 안다는 것은 단지 복음의 논리를 아는 게 아닙니다. 복음의 주님을 모셔 들이고, 주님의 은혜를 향해 마음을 여는 것인데, 제대로 복음을 받았다면 이런 태도가 나올 수 없습니다. 그릇으로 치면 이건 깨진 그릇입니다. 모양은 엇비슷하지만 은혜의 생수를 도무지 받아낼 수 없는 그릇, 그릇이라는 이름조차 민망한 깨진 그릇입니다. 이런 그릇을 들고 우물로 나오는 것은 스스로 생수를 걷어차는 격입니다.

지금 국회의원 선거가 한창인데, 국회의원이 되면 특별한 권한이 주어집니다. 불체포 특권, 체포되지 않은 권리입니다. 국회의원도 죄를 지을 수 있잖아요. 그런데 회기 중에는 잡아갈 수가 없어요. 특권 중의 특권인데, 이런 걸 왜 만들었을까? 국회의원은 국민의 대표인데 국가 권력이 함부로 제압하지 못하도록 보호하기 위해서라고 합니다. 생각하면 필요한 제도 같긴 합니다. 그런데 문제는, 가끔 이걸 남용하는 경우가 있습니다. 방탄국회라고, 자기 당 의원이 체포되는 걸 막기 위해 임의로 회의를 열어버리는 겁니다. 그러면 회기 중이라서 잡아갈 수 없어요. 이번 국회에는 그런 얌체가 없기를 바랍니다.

그런데 믿음의 세계에도 그런 얌체가 있어요. 주의 은혜를 남용하는 얌체들. 십자가는 정말 귀한 은혜입니다. 그리고 강력한 은혜입니다. 지난주에 묵상했습니다만, 우리의 죄악이 아무리 무겁고 어두워도 십자가는 감당할 수 있습니다. 예수님 한 분으로 충분합니다. 우리는 그런 강력한 은혜 안에 살고 있습니다. 그래서 어떤 분은 말하길 "우리는 이미 용서받았고, 지금도 용서받고 있고, 또 앞으로도 용서받을 행복한 죄인이다." 조금 넘치는 감이 있지만, 십자가의 능력과 은혜가 얼마나 큰지를 잘 드러내는 말입니다.

그런데 이 대목에서 이상한 논리로 빠지는 사람이 있어요. "그러면 이제 죄를 지어도 되겠네? 어차피 용서 받을 건데, 마음 편히 죄를 지어도 되겠네?" 이런 생각을 무어라 불러야 할까요? 똑똑한 생각? 나름 일리 있는 생각? 묵상 중에 저에게 주신 이름이, 깨진 그릇입니다. 그릇이 깨졌어요. 모양은 그럴싸한데 가까이 보면 깨진 그릇이 있습니다. 이것도 마찬가지, 논리적으로는 일정 부분 복음의 흉내를 내고 있지만 이것은 깨진 논리요, 복음에 대한 남용과 심지어 모욕입니다. 이런 마음은 주의 은혜를 담아낼 수가 없습니다. 그런 마음에는 예수 십자가의 은혜가 담길 재간이 없습니다.

사도 바울이 강력한 어조로 대답합니다. "그럴 수 없느니라!" 그럴 수는 없다는 거예요. 어떻게 그런 생각을 할 수 있느냐? 그건 은혜를 입은 사람의 생각이 아니라는 거예요. 주의 은혜를 받은 사람은 감히 그런 생각을 할 수가 없다는 거예요. 그런데 안타깝게도 가끔 이런 논리가 통용이 됩니다. 특히 이단들 중에 그런 식으로 가르치는 데가 있습니다. 그리고 사람들이 거기에 끌려요. 왜냐하면 이게 사람 마음을 참 편하게 합니다. 모종의 자유를 느끼게 합니다. 그리고 살펴보았다시피 나름 논리적입니다.

기억할 것은, 이단은 대체로 논리적입니다. 신학교에서 배운 지식 가운데 저한테 가장 인상적인 가르침 가운데 하나가 이겁니다. 이단은 논리적이다. 사람들이 괜히 이단에 빠지는 게 아닙니다. 들어보면 나름 말이 되는 거예요. 그러니까 젊은 사람들이 빠지고, 나름 똑똑한 사람들이 빠지는 겁니다. 그러나 그건 진리가 아닙니다. 싸구려 논리는 될 수 있어도 그건 생명을 구하는 진리가 아닙니다. 그건 복음이 아닙니다. 거저 논리를 가장한 천박한 말장난에 불과합니다. 그런 고백으로는 절대로 십자가의 은혜를 누릴 수가 없어요.

또 한 가지 기억할 것은, 복음은 논리가 아닙니다. 복음이 비논리적이라는 말은 아닙니다. 복음이 논리를 초월한다는 의미입니다. 지극히 존귀하신 하나님의 외아들이 한낱 피조물인 우리를 위해 당신의 목숨을 내놓았다는 것이 복음인데, 어찌 이것이 논리의 그릇에 담기겠어요? 복음은 논리 안에 갇힐 수 없습니다. 복음은 인간의 얄팍한 논리에 담기는 물건이 아닙니다. 무엇보다 복음은 은혜이지 거래가 아닙니다. 거래는 논리에 갇히지만, 은혜는 논리를 초월합니다. 복음은 주님의 놀라운 은혜와 그에 대한 감사이지, 더하기 빼기 기브 앤 테이크(give and take)의 거래가 아닙니다.

메시지로 돌아오면, 남용의 그릇은 깨진 그릇입니다. 은혜 안에 있으니 이제 죄를 지어도 되겠네? 아무리 논리의 탈을 쓰고 있다고 해도 저급한 싸구려 말장난에 불과합니다. 주님의 은혜 안에 거하는 사람은 절대 그런 생각 안합니다. 차마 그런 저급한 생각을 못해요. 우리의 모습이 아니기를 바랍니다.

2. 궤변의 그릇

두 번째, 깨진 그릇이 또 무엇이 있을까? 이번에는 궤변의 그릇입니다. 설교를 하려면 이름을 붙여야 하는데, 이 대목이 조금 어려웠어요. 적당한 이름이 떠오르지 않아서 힘들었는데, 생각 끝에 붙인 이름이 궤변입니다. 1절 같이 읽습니다. "그런즉 우리가 무슨 말을 하리요? 은혜를 더하게 하려고 죄에 거하겠느냐?" 궤변이 보이시나요?

"은혜를 더하게 하려고 죄에 거하겠느냐?" 쉽게 풀면, "은혜가 은혜 되게 하려면 우리가 죄를 계속 지어야 하는 거 아냐?" 이런 말입니다. 구원은 은혜라고 했습니다. 우리의 공로가 아니라, 구원은 오직 주의 은혜다. 왜 은혜냐? 우리가 죄인이니까 은혜입니다. 우리가 의로우면 은혜가 아닌 거죠. 그래서 결론 내리기를 "주님의 은혜가 은혜 되게 하려면, 우리는 계속 죄에 거해야 한다." 이런 훼괴한 결론에 도달한 겁니다.

죄인들이 머리는 좋은 거 같아요. 어떻게 이런 생각을 할 수 있는지, 수학적인 머리가 뛰어납니다. 이게 나름 비례 공식입니다. "내가 저지른 죄의 양과 주께서 베푸신 은혜의 양은 비례하는 거 아니냐? 죄가 많을수록 은혜가 커지니까 서로 비례하는 거 아니냐? 그러니 은혜가 은혜 되기 위해서는 내가 계속 죄를 지어야지!" 말이 되나요? 버릇없는 말이지만, 논리적으로 영 틀린 말은 아닙니다.

그런데 성도 여러분, 여기에 설득되면 안 됩니다. 이건 깨진 그릇입니다. 마음 그릇이 깨진 거예요. 복음이 줄줄 새는 깨진 그릇, 은혜가 줄줄 새어서 도무지 그릇으로 쓸 수 없는 깨진 그릇입니다. 복음이 들어온 사람은 절대로 그런 생각을 안 합니다. 십자가 은혜를 경험한 사람이라면, 머리에서 절대 그런 생각이 나올 수가 없어요. 아무리 논리의 탈을 쓰고 있어도, 이건 사악한 죄인의 잔머리일 뿐, 복음과는 아무런 상관이 없어요.

최근 벌어진 n번방 사건을 보면서 많은 분들이 분노하고 있는데, 개인적으로 분노보다 좌절을 느낀 장면이 있었습니다. 주범이 기자들 앞에서 말하길 "멈출 수 없었던 악마의 삶을 멈추게 해주셔서 감사합니다." 방송으로 듣는데, 이건 뭐지? 하는 생각이 들어요. 자신이 마치 피해자인 듯, 누군가에게 잡혀 있다가 이제는 해방된 듯 변명을 하고 있어요. 그런데 정작 자기가 피해를 끼친 여성들에게는 사과 한 마디 없어요. 너무나 덤덤한 그의 얼굴이 오싹하기까지 했습니다. 궤변입니다. 그의 입에서 나와야 했던 말은 진심어린 사죄였습니다.

"은혜를 더하게 하려고 죄에 거하겠느냐?" 이런 말도 안 되는 생각이 우리 마음에는 절대 들어오지 않기를 바랍니다. 그런 생각이 든다는 것은, 아직 주의 은혜가 임하지 않았다는 증표일 수 있습니다. 십자가 은혜를 내가 경험한 적이 없는 표지일 수 있어요. 성경은 읽었는지 몰라도 아직 복음이 내 안에 들어오지 않은 겁니다.

오늘의 말씀은, 깨진 그릇에 은혜를 담지 말라. 깨진 그릇을 묵상했는데, 우리의 모습이 아니기를 바랍니다. 이제부터는 진짜 그릇을 묵상하려고 합니다. 주의 은혜를 오롯이 받아내는 아름다운 그릇은 무엇일까? 묵상하실 때, 이것이 우리의 모습이기를 바랍니다.

3. 정체성의 그릇

먼저, 정체성입니다. 정체성의 그릇. 주의 은혜를 받은 자로서 나의 정체성을 확고히 하는 것이 주의 은혜를 담아내는 튼실한 그릇이 됩니다. 2절에 "그럴 수 없느니라. 죄에 대하여 죽은 우리가 어찌 그 가운데 더 살리요?" 성도의 정체성, 혹은 성도의 이름이 보이시나요? "죄에 대하여 죽은 우리"입니다. 바울이 일러주는 성도의 정체성입니다.

"은혜를 더하게 하려고 죄에 거하겠느냐?" 이 말도 안 되는 궤변에 대항하여 바울은 성도의 정체성을 소개합니다. "죄에 대하여 죽은 우리." 우리는 이미 죄에 대하여 죽은 사람이라는 거예요. 궤변을 이기는 것은 정체성입니다. 궤변을 이기는 것은 확고한 이름입니다. 세상이 속삭이는 천박한 궤변 말고, 말씀이 우리에게 선물하는 거룩한 정체성을 마음에 새길 때, 천박한 궤변을 이길 수 있습니다.

우리가 누구냐? 우리는 주님과 함께 십자가에 못 박힌 사람입니다. 그래서 죄에 대하여 죽은 사람입니다. 이것이 우리의 이름입니다. 그런데 어떻게 우리가 죄 가운데 거할 수 있겠어요? 인간인지라 죄의 유혹에 넘어가기도 하지만, 어찌 가벼운 마음으로 그 길을 기웃거릴 수 있겠어요? 우리는 거룩한 하나님의 자녀인데 말입니다. 이것이 우리의 이름인데 말입니다. 사랑하는 성도 여러분, 저와 여러분의 왼편 가슴에 거룩한 성도의 정체성이 깊이 새겨져 있기를 주의 이름으로 축원합니다. 그게 은혜 안에 거하는 삶이고, 그게 바로 주의 은혜를 받는 튼실한 그릇입니다.

정체성은 저한테 추억의 단어입니다. 신학대학원 3학년 때 개강 집회에서 발제를 한 적이 있습니다. 학생회 임원을 맡고 있던 친구의 부탁을 거절할 수 없어서 발제를 했는데, 주어진 제목이 "신학생의 정체성"이었습니다. 거창하죠. 신학생으로서 정체성을 확실히 하자! 그리고 그 정체성 위에 열심히 공부를 하자는 취지인데, 취지가 참 좋았어요. 그래서 허락을 했는데, 막상 준비가 쉽지 않았습니다. 매주 설교 준비하는 것도 힘에 부칠 때가 있는데, 그때도 많이 힘이 들었습니다. 몇 날 몇 일 고민하며 준비했던 기억이 납니다.

그 경험을 통해서 제가 알게 된 것이 있는데, 정체성은 고민과 다짐의 산물이라는 사실입니다. 정체성이 그냥 나오는 게 아니에요. 고민이 필요합니다. "나는 누구인가? 도대체 나는 누구인가?" 성경을 보고, 신학 책을 뒤지고, 묵상도 하고. 그 끝자락에 정체성이 나옵니다. 또한 정체성은 다짐입니다. 정체성은 차가운 지식이 아니고, 오히려 뜨거운 다짐입니다. "나는 신학생이다. 그렇다면 이렇게 살아야지." 뜨겁잖아요. 지난한 고민에 뜨거운 다짐의 화합물, 이것이 정체성이었습니다.

본문으로 돌아와서 오늘 사도 바울이 던지는 정체성도 마찬가지, 고민이 있고 다짐이 있습니다. 성도를 일컬어 "죄에 대하여 죽은 우리"라고 부르는데, 이게 그냥 나온 게 아닙니다. 고민하고 또 고민하고, 성도를 표현하는 가장 적합한 언어가 무엇일지 고민하고, 또 고민하고. 그래서 나온 이름이 이겁니다. 성도는 죄에 대하여 죽은 사람이다! 언어 자체에 고민의 흔적이 보입니다. 그리고 여기에는 사도 바울의 뜨거운 다짐이 담겨 있습니다. 죄에 대하여 죽은 사람으로서, 이제 죽음의 삶을 살자! 우리는 주님과 함께 죄에 대하여 죽은 사람이니, 이제 죽음의 삶을 살자!

이것이 은혜 받은 사람입니다. "용서 받을 거니까 죄를 지어도 되겠네?" 이건 예수 십자가의 은혜를 경험한 사람의 말이 아닙니다. 성도 여러분, 우리는 죄에 대하여 죽은 거룩한 성도입니다. 성도면 성도답게 살기를 바랍니다. 거룩한 정체성이 우리 가슴에 깊이 새겨져 있기를 주의 이름으로 축원합니다. 바로 그 그릇에 온 우주에서 가장 소중한 선물, 예수 십자가의 복음이 우리 안에 임할 것입니다.

4. 몸부림의 그릇

마지막으로 주의 은혜를 담는 아름다운 그릇을 하나 더 묵상하는데, 몸부림의 그릇입니다. 예수 십자가의 은혜를 받아내기에 가장 아름다운 그릇이라는 생각이 들어요. 몸부림의 그릇. 성도다운 삶을 살아야지! 다짐은 하는데, 실패할 수 있어요. 굳게 다짐하지만, 연약한 인간인지라 실패할 수 있어요. 그때 어떻게 할까요? 포기할까요? 그럴 수 없느니라! 다시 마음을 다잡아야 합니다. "내가 이러면 안 되는데, 성도인 내가 이러면 안 되는데." 다시 마음을 다잡고 주께서 주신 거룩한 정체성에 맞게 살아내려는 몸부림. 주의 백성다운 삶을 향해 걸어가는 몸부림. 이것이야말로 십자가 은혜를 받기에 가장 아름다운 그릇입니다.

12절에 "그러므로 너희는 죄가 너희 죽을 몸을 지배하지 못하게 하여 몸의 사욕을 순종하지 말고." 모종의 투지가 느껴집니다. 13절은 같이 읽습니다. "또한 너희 지체를 불의의 무기로 죄에게 내주지 말고 오직 너희 자신을 죽은 자 가운데서 다시 살아난 자 같이 하나님께 드리며 너희 지체를 의의 무기로 하나님께 드리라."

언젠가 한 청년이 저에게 문자를 보낸 적이 있어요. 자신에게 한 가지 어둔 죄가 있었는데, 설교를 듣는 중에 끊어내게 되었다는 반가운 문자였습니다. 늘 그 죄로 인해 마음이 무거웠는데, 설교를 듣는 중에 성령께서 힘을 주셔서 끊어내게 되었다고, 그 결심을 담아서 문자를 보내주었습니다. 얼마나 고맙던지 제 마음이 너무 행복했습니다. 그런 말을 하기가 쉽지 않았을 텐데, 참 귀한 청년이구나. 정말로 귀한 주의 백성이구나. 행복한 문자였습니다. 끝까지 승리하시기 바랍니다.

한 번은 이런 일도 있었어요. SNS에 어떤 대학생이 결심의 글을 올렸는데, 오늘부터 야동 끊기 1일째! 젊은 정욕 때문인지

음란물을 안 보려고 하는데도 그게 쉽지가 않았나 봅니다. 혼자선 힘들었는지 자기를 지켜봐 달라며 친구들 다 보는 SNS에 다짐의 글을 올린 거예요. 뜻은 가상한데 내심 염려가 되었습니다. 괜히 사람들로부터 이상한 시선을 받으면 어쩌나. 그럼에도 참 대견한 것은, 몸부림을 치는 거예요. 그리고 요즘 청년들이 참 성숙해요. 다른 친구들이 그 친구를 응원해주었습니다. 나도 그런 적이 있는데 꼭 이겨내라! 그렇게 응원을 보내주는 거예요. 저도 그 친구의 승리를 응원합니다.

성도는 몸부림치는 사람입니다. 늘 승리하지는 못해도 몸부림치는 사람, 연약한 인간인지라 넘어질 때도 있지만 그럼에도 몸부림을 치는 사람, 그 사람이 진정 주의 백성입니다. 나의 지체를 불의의 무기로 죄에게 내주지 말고 오직 의의 무기로 하나님께 드리기 위한 몸부림! 이것이 주의 백성이고, 이것이 바로 은혜 받은 사람의 모습입니다. 바로 그 그릇에 거룩한 십자가의 은혜가 임할 것입니다.

결론 - 그릇을 준비하라

오늘은 여기까지, 오늘의 말씀은 깨진 그릇에 은혜를 담지 말라. 아무리 귀한 은혜가 공급되어도 그릇이 준비되지 않으면 받을 수가 없습니다. 깨진 그릇으로는 그 귀한 은혜를 도무지 담아낼 수가 없어요. 남용의 그릇, 궤변의 그릇과 같은 누추한 깨진 그릇을 버리고, 정체성의 그릇, 심지어 몸부림의 그릇까지 아름다운 그릇을 준비하여 주의 귀한 은혜를 풍성히 받아 누리는 복된 성도들 되시기를 주의 이름으로 축원합니다. 아멘.

<생각할 거리>

1. 받을 준비가 되지 않아서 귀한 것을 놓친 경험이 있으신지요?

2. '주의 은혜가 나를 감싸고 있으니 나는 죄를 지어도 돼!' 이 말은 맞는 말일까요, 틀린 말일까요?

3. '복음은 논리에 갇히지 않는다. 논리적이라고 항상 진실은 아니다.' 이 말에 대한 당신의 생각은 무엇입니까?

4. 우리 가슴에 늘 새겨야 할 나의 정체성은 무엇일까요? 설교를 초월하여 내가 가장 사랑하는 이름이 있다면, 다짐을 담아 빈칸을 채워보세요.
   나는 _____(이)다. _____답게 살자.

5. 사도 바울은 십자가 은혜로 구원 받은 사람, 주의 자녀답게 살기 위해 몸부림을 치는 사람이었습니다. 나도 그렇게 몸부림 치고 있습니까?

복음의 그릇(4)

신비한 연합의 그릇 – 그리스도와의 연합

(롬 6:3-5)

<설교 구상>

　그리스도와의 연합(Union with Christ) 교리를 소개하는 설교다. 세례를 통해 우리가 주님의 죽으심에 참여하고 장차 그분의 부활에 참여한다는 선언인데, 성경은 여기서 연합이라는 언어를 동원한다. 연합, 즉 하나가 된다는 말이다. 존귀하신 주님과 우리가 하나가 된다니 참 영광스럽고도 신비한 선언이다. 주님이 우리에게 주시는 구원은 단순한 사죄 선언이 아니다. 존귀하신 그분의 존재를 우리에게 개방하셔서, 비천한 우리가 주님과 한 몸으로 연합되게 하신다. 아멘.

　매우 난해한 교리 가운데 하나다. 강해 식으로 풀면 오히려 성도들이 이해하기가 어려울 수 있기에, 조금 우회하는 방식을 사용했다. 이 교리가 빚어내는 향취를 다양한 각도에서 접근하는 방식의 설교다. 그리스도와의 연합 교리가 담아내는 의미는 무엇일까? 신비의 교리, 영광의 교리, 그리고 구원의 교리라고 대답한다. 단순한 구도 속에서 성도들이 이 교리에 담긴 풍성한 은혜를 경험하기를 소망한다.

신비한 연합의 그릇 – 그리스도와의 연합

(롬 6:3-5)

3 무릇 그리스도 예수와 합하여 세례를 받은 우리는 그의 죽으심과 합하여 세례를 받은 줄을 알지 못하느냐 4 그러므로 우리가 그의 죽으심과 합하여 세례를 받음으로 그와 함께 장사되었나니 이는 아버지의 영광으로 말미암아 그리스도를 죽은 자 가운데서 살리심과 같이 우리로 또한 새 생명 가운데서 행하게 하려 함이라 5 만일 우리가 그의 죽으심과 같은 모양으로 연합한 자가 되었으면 또한 그의 부활과 같은 모양으로 연합한 자도 되리라

서론 - 그리스도와의 연합의 의미

오늘의 말씀은 그리스도와의 연합입니다. 우리 믿음의 선조

들이 정성스럽게 고백해온 교리인데 영어로는 union으로 표현합니다. Union with Christ. 그리스도와의 연합인데, 투박하게 번역하는 분들은 연합 대신 결합으로 읽기도 합니다. 그리스도와의 결합. 주님과 우리가 하나가 된다는 의미입니다.

참 귀한 교리인데 그 근거가 오늘 본문입니다. 교리는 항상 성경에 기초합니다. 사람의 생각으로 만들지 않고 반드시 성경에 기초하게 되는데, 그리스도와의 연합 교리는 오늘 본문이 그 뿌리가 됩니다. 3절에 "무릇 그리스도 예수와 합하여 세례를 받은 우리는." 연합과 비슷한 단어가 나오죠. "합하여"입니다. 5절은 더 직접적입니다. "만일 우리가 그의 죽으심과 같은 모양으로 연합한 자가 되었으면 또한 그의 부활과 같은 모양으로 연합한 자도 되리라."

그리스도와의 연합 교리가 생소한 분들도 있으실 겁니다. 이신칭의는 많은 분들에게 익숙합니다. 믿음으로 구원 받는다는 고백인데, 우리 신앙의 중심으로 매우 중요하게 인식됩니다. 그런데 그에 못지않게 중요하고 소중한 교리가 있으니, 바로 그리스도와의 연합 교리입니다. 이 교리에 담긴 의미가 무엇일까? 묵상하실 때 이 교리에 담긴 의미를 선명하게 이해하고, 이 귀한 교리가 우리 가슴에 깊이 새겨질 수 있기를 간절히 소망합니다.

1. 신비의 교리

먼저, 신비입니다. 그리스도와의 연합은 신비의 교리입니다. 주님과 우리가 하나가 되다니 신비하잖아요. 주님은 주님이고 우리는 우리인데, 하나가 된다면 정말 신비로운 일입니다. 흔히 비유적으로 하나가 된다, 혹은 하나가 되어야 한다는 표현을 쓰는데, 주님과의 연합 교리는 그보다 훨씬 더 실제적이고, 훨씬 더 적극적입니다.

성경은 접붙임이라는 표현을 씁니다. 로마서 11장을 미리 당겨서 보면 17절에 "또한 가지 얼마가 꺾이었는데 돌감람나무인 네가 그들 중에 접붙임이 되어 참감람나무 뿌리의 진액을 함께 받는 자가 되었은즉." 일차적으로는 유대인과 이방인 사이의 연합을 소개하지만, 크게 보면 하나님과 우리 사이의 연합을 가리킵니다. 접붙임을 통해 서로 다른 두 나무가 한 나무가 되듯이, 복음 안에서 우리가 하나님과 연합된다는 말입니다. 생각하면 참 신비한 일입니다.

접붙임이 얼마나 신기한지는 제가 잘 압니다. 제 고향이 접붙이기 중심지여서, 어려서부터 늘 보면서 자랐습니다. 눈으로 보면서도 신기해요. 분명히 서로 다른 나무인데 하나가 됩니다. 탱자나무에 귤을 접붙이고 찔레 덩굴에 장미를 접붙이는데, 분명히 다른 나무인데 어느 순간 하나가 되고 한 몸이 됩니다. 찔레 뿌리로 들어온 양분이 장미 줄기를 따라 흐르고, 그래서 찔레 뿌리에서 장미꽃이 피어납니다. 얼마나 신기해요.

설교 준비하면서 '아바타' 영화가 떠올랐습니다. 천만 영화니까 보신 분들이 많으시겠죠. 거기에 연합 혹은 결합의 장면이 나오는데, 영화에서는 교감이라고 부릅니다. 배경이 지구가 아니고 우주인데, 영화 속 우주인들은 다들 길게 늘어진 꽁지머리를 달고 있습니다. 댕기머리처럼 길게 늘어져 있는데, 그들이 타고 다니는 말도 그래요. 우주인의 꽁지머리처럼 우주 말에도 꽁지머리 같은 촉수가 나와 있는데, 이 둘을 서로 갖다 대면 서로에게 연결이 됩니다. 꽁지 연결을 통해 말과 사람이 하나가 되는 겁니다. 서로의 신경이 하나로 연결됩니다.

그런데 여기서 신비한 일이 벌어집니다. 주인공이 말을 타고 달리는데, 채찍이 필요 없어요. 고삐도 필요 없어요. 왜냐하면 한 몸이 되었기 때문입니다. 그냥 내가 달리고 싶은 대로 생각만 하면, 말이 그쪽으로 달리는 겁니다. 왼쪽으로 달리고 싶다고 마음을 먹으면 말이 왼쪽으로 달리고, 오른쪽으로 붙었으면 좋겠다고 생각하면 말이 저절로 그 쪽으로 기웁니다. 서로 연합되었기 때문입니다. 바울 당시에 '아바타' 영화가 개봉했더라면, 로마서에서 접붙임 대신 그 예를 들었을 수도 있겠다 싶습니다.

주님과 우리가 한 몸이 되다니 참 신비한 일이죠. 정말 그렇게 될까요? 예, 그렇습니다. 워낙 신비한 일이라 우리 언어에 담기가 쉽지는 않지만, 성경이 가르치는 진실입니다. 주님과 우리 사이에 하나가 되는 연합이 일어날 것입니다. 신앙에는 신비의 요소가 있습니다. 열린 마음으로 담아 두시기 바랍니다.

2. 영광의 교리

한 걸음 나아가, 그리스도와의 연합에 담긴 의미가 또 무엇이 있을까? 두 번째는 영광입니다. 주님과 하나가 된다면 신비하기도 하지만, 생각하면 너무나 영광스러운 일입니다. 인간 대통령하고 악수만 해도 기분이 우쭐한데, 지극히 높고 거룩하신 창조주 하나님과 악수도 아니고 하나가 되다니, 생각하면 정말 영광스러운 일입니다. 이름 하여, 감히 상상할 수도 없는 영광입니다.

그래서 이스라엘 백성은 이걸 상상을 못했어요. 하나님과 사람이 하나가 된다고? 말도 안 되는 소리. 무례하고, 심지어 신성모독이라고 생각했습니다. 출애굽기 19장에 이스라엘 백성이 하나님을 만나는 장면이 나오는데, 이걸 보면 그분들의 마음이 이해가 됩니다. 18절에 "뭇 백성이 우레와 번개와 나팔 소리와 산의 연기를 본지라. 그들이 볼 때에 떨며 멀리 서서." 19절 함께 읽습니다. "모세에게 이르되 당신이 우리에게 말씀하소서. 우리가 들으리이다. 하나님이 우리에게 말씀하시지 말게 하소서. 우리가 죽을까 하나이다."

　이스라엘 백성이 사백년 노예살이의 땅 애굽을 탈출하여 광야로 나왔습니다. 가슴 벅찬 해방감을 품고 시내산에 도착했는데, 거기서 하나님을 만납니다. 사백년 노예살이에서 구원해 주신 너무나 고마운 하나님을 만나는 거예요. 그런데 마음이 너무 기쁘면서도 한편 두려운 거예요. 하나님의 존재가 너무 두렵고, 그분의 음성조차 도무지 감당할 수 없을 만큼 두려운 거예요. 그래서 이스라엘 백성이 모세에게 부탁하기를 "모세 양반, 하나님이 우리한테 직접 말씀하시지 못하게 당신이 좀 막아주시오. 대신 모세 당신이 그분의 음성을 듣고 우리한테 전달해주시오." 하나님 음성을 계속 듣다가는 죽을 거 같은 거예요. 사람 귀로 감당할 음성이 아닌 겁니다. 그래서 뒷걸음칩니다.

　이스라엘 백성이 경험한 하나님은 그런 분이었습니다. 감당할 수 없이 두려운 하나님. 비천한 인간이 감히 범접할 수 없는 하나님. 시내산에서 만난 하나님은 그런 분이었고, 사실 우리 하나님은 그런 분이 맞습니다. 우리 하나님은 결코 가벼운 분이 아닙니다. 감히 인간이 그 앞에 도무지 설 수 없는 두려운 하나님. 저는 우리 시대가 꼭 회복해야 할 신앙이 있다면, 이거라고 생각합니다. 하나님을 향한 거룩한 두려움. 우리 시대의 하나님은 너무 친근합니다. 하나님을 너무 가벼이 생각하는 경향이 있어요.

우리 하나님은 두려운 분이십니다. 아멘.

그런데 오늘 성경이 말하기를, 그 두려우신 하나님과 우리가 어떻게? 하나가 된다는 거예요. 접붙임을 받고 한 몸이 된다는 거예요. 예수를 믿는다는 것은 이 큰 영광을 기대하는 겁니다. 그리스도와의 연합 교리는 유대인들에겐 신성모독일지 몰라도, 진리를 아는 우리에겐 성도의 영광입니다. 아멘.

그런데 여기서 끝이 아니고 더 놀랄 교리도 있습니다. 이거 들으면 유대인만 아니고 우리 성도들도 갸우뚱할 수 있는데, 신격화(theosis)입니다. 우리 선조들이 고백한 교리 중에 신격화라고 있어요. 영어로 deification. 헬라어로는 theosis. 오늘 제가 아는 말 다 씁니다. 내용은, 우리가 하나님처럼 된다는 고백입니다. 하나님이 신이시니 우리도 신처럼 될 것이다 해서 신격화인데, 이게 이단 사상이 아니고 정통 신앙입니다. 공산주의 사상이 아니고 믿음의 고백입니다. 그 기초가 오늘 묵상하고 있는 그리스도와의 연합 교리입니다. 주님과 우리가 하나가 될 것이고, 그래서 우리는 하나님과 같이 될 것이다.

신격화라는 용어 자체가 너무 민감하게 다가올 수 있어요. 이해할 것은, 이게 그냥 나온 게 아니고 고민 끝에 나온 단어입니다. 그리스도와의 연합에서 묵상했지만, 비천한 우리 인간이 지극히 존귀하고 거룩하신 하나님과 한 몸이 될 겁니다. 이 놀라운 일을 인간의 언어로 어떻게 표현할 수 있을까요? 마땅한 단어가 잘 떠오르지 않아요. 믿음의 선조들이 고르고 고른 결과물이 신격화입니다. 얼핏 무례한 단어로 보이지만, 어쩌면 불가피한 선택입니다. 비천한 우리가 존귀하신 하나님과 하나가 되는 그 영광스러운 상황을 도대체 어떤 말로 표현할 수 있겠어요? 신격화라는 단어가 너무 과해 보이지만, 일어난 일 자체가 그래요.

물론 주의할 것이 있는데, 신격화 교리는 교만의 그릇에 받으면 안 됩니다. '내가 하나님처럼 된다고 했으니, 이제 하나님을 좀 편하게 대해도 되겠네? 나도 하나님처럼 내 마음대로 살아도 되겠네?' 이건 아닙니다. 교만한 마음에 받으면 그건 신앙이 아니고 타락의 단초가 됩니다. 창세기에서 사탄이 아담을 유혹할 때 꼭 그렇게 유혹했습니다. 이 과일을 먹으면 너도 하나님처럼 될 거야. 너도 하나님과 같이 될 거야. 여기에 아담이 넘어가고, 그것이 타락의 시작이 되었습니다.

그래서 많은 분들이 신격화 교리를 가르치기를 부담스러워합니다. 자칫 성도들이 오해할 수 있으니까. 그런데 구더기 무서워서 장 안 담글 순 없잖아요. 이 영광스러운 고백을 버릴 수는 없어요. 대신 그릇을 잘 골라야 하는데, 교만이 아니고 겸손과 감사의 그릇에 받아야 합니다. 신격화는 교만의 그릇에 담으면 타락의 단초지만, 겸손과 감사의 그릇에 받으면 주께서 우리에게 주시는 최고의 선물이 됩니다. 자녀가 아버지를 닮듯이, 주의 자녀인 우리가 거룩한 아버지의 신성에 참여한다는 고백입니다. 맞는 말이잖아요. 우리가 정말로 주님의 자녀라면 당연히 그분의 성품에 참여할 것입니다. 이 영광스러운 교리를 겸손의 그릇에 소중히 간직할 수 있기를 소망합니다. 아멘.

3. 구원의 교리

계속해서 그리스도와의 연합에 담긴 의미가 무엇이냐? 셋째는 구원입니다. 그리스도와의 연합은 신비의 교리와 영광의 교리이면서, 또한 구원의 교리입니다. 구원이 무엇인지를 해명하고 선포하는 교리입니다. 우리에게 임할 구원이 뭐냐? 복음이 선물하는 구원의 실체가 뭐냐? 로마서가 선포하기를, 그리스도와의 연합입니다. 구원이란, 우리가 주님께 연합되어 하나가 되는 것입니다. 아멘.

4절에 "그러므로 우리가 그의 죽으심과 합하여 세례를 받음으로 그와 함께 장사되었나니." 나머지 같이 읽습니다. "이는 아버지의 영광으로 말미암아 그리스도를 죽은 자 가운데서 살리심과 같이 우리로 또한 새 생명 가운데서 행하게 하려 함이라." 죄에 대하여 우리가 죽고 새로운 생명으로 거듭나는 원리를 소개하는데, 그 중심에 연합이 있습니다. 구원이란 무엇이냐? 주님의 죽으심에 우리가 연합되고, 그래서 주님의 새 생명에 우리가 연합되는 것입니다. 구원은 우리가 주님과 하나가 되는 것입니다.

성경은 우리에게 임하는 구원을 설명하기 위해서 다양한 언어를 동원하는데, 기본 언어는 법정 용어입니다. 죄와 벌, 그리고 용서, 이거 다 법정 용어잖아요. 우리는 죄로 인해 죽어야 할 사형수인데 주의 은혜로 무죄 판결을 받는다. 구원에 관한 성경의 기본 묘사인데, 모두가 법정 용어입니다. 그런데 우리에게 임할 구원의 영광을 법정 용어만으로는 다 담아낼 수 없는 거예요. 그래서 성경이 언어의 지평을 넓혀 가는데, 신비의 언어를 동원됩니다.

주님과 우리가 하나가 될 것이다. 주님과 우리가 한 몸이 될 것이다. 물론 이 언어로도 충분하다고 볼 수는 없어요. 인간의 언어에 한계가 있기에, 구원의 영광과 신비를 다 담아내기란 어려워요. 분명한 것은, 장차 주께서 우리에게 주실 구원의 영광은 너무나 영광스럽고 행복할 것입니다. 이 땅의 언어로 다 담아낼 수 없을 만큼. 무엇을 상상하든 그 이상일 것입니다. 기대하는 마음으로 구원을 사모하기를 바랍니다.

4. 어떻게?

이제 마지막 걸음이 남았는데요, 이 영광스러운 구원으로 들어가는 길이 무엇일까? 주께서 우리에게 선물하실 연합의 선물이 그렇게 신비하고 영광스러운데, 어떻게 하면 그것을 누릴 수 있을까? 이 대목을 묵상하고 설교를 마무리하고자 합니다.

답은 의외로 간단합니다. 3절 같이 읽습니다. "무릇 그리스도 예수와 합하여 세례를 받은 우리는 그의 죽으심과 합하여 세례를 받은 줄을 알지 못하느냐?" 답이 보이시나요? 세례입니다. 주님과의 신비한 연합이 어떻게 이루어진다고요? 세례를 통해서 이루어집니다. 성도 여러분, 세례 받으세요. 이미 받으신 분들이 많으신데, 참 잘하셨습니다. 안 받으신 분들 신앙을 고백하고 꼭 세례 받으세요. 세례를 통해 주님과 우리가 하나가 됩니다.

그리스도와의 연합은 세례를 통해서! 결론이 다소 싱겁게 보일 수 있습니다. 오늘 거창한 말 다 썼잖아요. 그리스도와의 연합, 신비로운 접붙임, 심지어 신격화까지 온갖 기이한 언어를 다 동원했는데, 결론이 세례 받으라. 아닌 게 아니라 싱거운 면이 있습니다. 그런데 그게 성경의 가르침입니다. 그래서 신비입니다. 신비로운 일이 신비한 일을 통해서 이루어지면 그건 신비가 아닙니다. 대신 너무나 신비한 일인데, 너무나 평범한 일을 통해 이루어진다면, 그게 신비입니다.

세례가 그래요. 겉보기엔 너무나 평범해 보이지만, 이것을 통해 지구별의 최고의 신비가 일어납니다. 세례를 통해 주님과의 신비로운 연합으로 들어가게 될 것입니다. 마음으로 주님을 믿고, 입으로 그 신앙을 고백하고 세례를 받을 때, 그 세례를 통해 지극히 존귀하신 주님과 하나가 될 것입니다.

'나니아 연대기'라는 동화가 있습니다. 성경 모티프를 많이 딴 동화인데, 영화로도 나왔으니 보신 분들이 많을 겁니다. 거기 보면 옷장이 하나 나와요. 평범한 옷장입니다. 두꺼운 겨울옷이 많이 걸려 있는 큼지막한 옷장. 개구쟁이들 숨바꼭질할 때 숨기도 하는 커다란 옷장인데, 서양에서는 평범한 옷장인가 봐요. 그런데 알고 보니 보통 옷장이 아니었습니다. 새로운 세계로 들어가는 통로였습니다. 들어갈 땐 옷장이었는데 뒷문으로 새로운 세계가 열립니다. 나니아로 들어가는 통로입니다.

여기서 옷장이 상징하는 게 뭘까요? 저는 그렇게 읽습니다. 세례의 옷장입니다. 고백의 옷장입니다. 또한 성찬의 옷장이고, 예배의 옷장입니다. 세례와 성찬, 그리고 지금 우리가 드리는 예배를 합하여 고백적 행위라고 부릅니다. 고백을 담은 행위라는 의미입니다. 아무 생각 없이 참여하면 그냥 평범한 옷장입니다. 그런데 진실한 고백으로 참여하면 새로운 세계로 들어가는 신비의 옷장이 될 것입니다. 예배로 나올 때 아무 생각 없이 임하면 그냥 사람 모임과 사람의 행사지만, 믿음으로 참여하면 새로운 세계로 들어가는 신비의 통로가 될 것입니다.

그런 의미에서 사랑하는 성도 여러분, 세례를 가벼이 보지 마세요. 겉보기엔 옷장처럼 평범해 보여도, 믿음으로 참여하면 주님과의 연합, 그 신비로 들어가는 통로가 될 것입니다. 예배를 가벼이 생각하지 마세요. 아무 생각 없이 참여하면 그냥 사람 모임이지만, 진실한 고백으로 참여하면 뭐에요? 그리스도와의 연합으로 들어가는 통로입니다. 존귀하신 하나님과 한 몸이 되는 신비한 통로가 될 것입니다. 신비라는 게 멀리 있는 게 아니고 가까이 있습니다.

그리스도와의 연합을 위해서 무언가 심오한 행위를 시도하는 경우가 있습니다. 특별한 고행을 하거나, 특별한 제의를 통해서, 심지어 성적인 접촉을 상정하는 경우도 있어요. 고대 종교에는 제사에 음행이 도입되기도 했습니다. 사제가 창녀예요. 성적인 접촉을 통해 신과 하나가 된다고 생각한 겁니다. 간혹 이단들 중에도 그런 일이 있어요. 내가 하나님이니까 나와 한 몸이 되어야 한다며 여성들을 유린하는 경우가 있는데, 거짓이고 역겨운 속임수입니다.

그런데 사람들이 왜 그런 거짓에 속아 넘어갈까? 연합이라는 교리가 워낙 신비하니까, 주님과 우리가 하나가 된다는 게 그런 식으로 이루어져야 하는 거라고 오판을 하는 거죠. 기억할 것은, 우리 주님은 음란한 분이 아니라 정결한 분이십니다. 그런 음란한 방법을 사용하시지 않아요. 주님과의 연합은 저급한 주술이 아니라 정결한 신비입니다. 극히 평범해 보이는 고백적 행위를 통해 주님과 우리가 하나가 됩니다. 고백을 담은 세례, 고백을 담은 성찬, 고백을 담은 예배, 고백적 행위를 통해 우리는 주님과의 신비한 연합으로 들어갑니다.

결론 - 고백의 신비

말씀 정리합니다. 오늘의 말씀은 그리스도와의 연합. 조금 어려운 내용이었는데, 잘 전달되었기를 바랍니다. 그리스도와의 연합은 성경이 우리에게 약속하시는 선물 가운데 가장 영광스러운 선물입니다. 비천한 우리가 존귀하신 하나님과 하나가 된다는 겁니다. 존귀하신 하나님과 우리가 한 몸으로 연합된다는 거예요. 그분의 신성에 참여한다는 거예요.

무엇을 통해서? 고백적 행위인 세례를 통해서. 성찬을 통해서. 예배를 통해. 아무 생각 없이 참여하면 그냥 사람 모임이지만, 진실한 고백으로 참여하면 지구별 최고의 신비인 하나님과의 연합으로 들어가는 통로가 될 것입니다. 진실한 세례, 진실한 예배를 통해 이 귀한 신비를 맛보고 누리는 영광스러운 인생 되시기를 주님의 이름으로 축원합니다. 아멘.

<생각할 거리>

1. 'Union with Christ'에 대한 번역으로 '연합'이 좋을까요, '결합'이 좋을까요?

2. 거룩하신 하나님과 비천한 우리 인간이 정말로 하나가 될 수 있을까요? 물과 기름이 하나 되는 것이 어려울까요, 죄인과 하나님이 하나 되는 것이 어려울까요?

3. '신격화'라는 말의 의미를 이해하셨나요? 교만의 그릇에 받지 말고 감사와 겸손의 그릇에 담으라는 의미는 무엇일까요?

4. 빈 칸을 채우세요.
   세례와 성찬과 예배는 _____ 행위다.

5. 같은 자리에 앉아서도 다른 예배를 경험할 수 있을까요? 그 이유는 무엇일까요?

복음의 그릇(5)

종의 그릇 - 인생, 알고 사는가?

(롬 6:17-23)

<설교 구상>

　인생의 행복은 자유가 아니라 참된 주인을 모심에 있음을 선포하는 설교
다. 인간에게 자유는 참 소중한 가치다. 자유를 위해 목숨을 거는 이들이 많은
것은, 그만큼 자유가 우리 인생의 행복에 차지하는 자리가 크기 때문이다. 그
러나 무턱대고 모든 속박에서 벗어난다고 참된 자유와 행복이 임하는 건 아
니다. 독재보다 아노미가 더 큰 아픔이 되고, 아무런 제약이 없는 우주 공간은
자유가 아니라 가혹한 내팽개침의 장소가 된다. 인생의 주인이신 하나님을
모실 때 우리 인생은 가장 행복하고 존귀하고 평안하다.

　다분히 사색적이고 철학적인 향취가 나는 메시지인데, 이럴 경우 대지의
흐름이 중요하다. 성도들이 어렵지 않게 따라올 수 있도록 계단이 되어주는,
쉽고도 선명한 논리 구조가 필요하다. '1.인생은 종이다 2.자유가 항상 행복한
것은 아니다. 3.참된 자유는 진정한 주인을 만남에 있다'는 흐름으로 정리하
고 마지막에 '4.중립지대는 없다'는 선언으로 설교를 마무리하였다.

종의 그릇 –
인생, 알고 사는가?

(롬 6:17-23)

17 하나님께 감사하리로다 너희가 본래 죄의 종이더니 너희
에게 전하여 준 바 교훈의 본을 마음으로 순종하여 18 죄로
부터 해방되어 의에게 종이 되었느니라 19 너희 육신이 연약
하므로 내가 사람의 예대로 말하노니 전에 너희가 너희 지체
를 부정과 불법에 내주어 불법에 이른 것 같이 이제는 너희
지체를 의에게 종으로 내주어 거룩함에 이르라

서론 - 인생, 알고 사는가?

오늘의 말씀은 인생입니다. 인생, 알고 사는가? 설교 준비하
면서 주제가 좀 과한 게 아닌가 하는 마음도 들었습니다. 제 나
이 이제 겨우 오십인데, 인생을 논하다니. 어른들도 많이 계신

데, 인간적으로 조금 넘치는 주제라는 생각이 들었습니다. 그런데 이 주제를 피하기엔 제가 선 자리가 너무 무겁습니다. 저는 설교자입니다. 설교는 주의 말씀 앞에서 인생을 묵상하고 삶을 성찰하고 성령님의 인도하심을 힘입어 삶을 변화시키는 작업입니다. 그런데 설교에서 인생을 논하지 않는다? 그건 정직하지 못합니다. 어쩌면 직무유기에 해당합니다. 그 어떤 자리보다 설교는 인생을 논해야 합니다.

그런 의미에서 오늘은 인생을 묵상합니다. 인생, 알고 사는가? 물론 저의 사색은 아니고, 말씀 앞에서 삶의 진실을 대면하려 합니다. 성경이 가르치는 인생의 진실을 깨닫는 귀한 시간이 되기를 소망합니다. 인생이란 무엇인가?

1. 인생은 종이다

우선 첫째, 인생은 종(servant)이다! 인생에 관하여 오늘 성경이 제일 먼저 내놓는 진실입니다. 인생들아, 그대 이름은 종이니라! 반가운 이름은 아니죠. 성경이 우리에게 붙이는 이름 중에는 좋은 이름도 있지만, 거북한 이름도 있습니다. 대표적으로 죄인입니다. 성경은 우리를 죄인이라고 부릅니다. 그것도 죽어야 할 죄인. 신앙의 언어로 너무 익숙하지만, 생각하면 반가운 이름이 아닙니다.

거기다 오늘은 종입니다. 오늘 성경이 우리를 종이라고 부릅니다. 죄인도 그렇지만, 종도 그리 좋은 이름이 아닙니다. 자존심 상하는 이름입니다. 별로 수긍이 안 되는 이름일 수도 있습니다. "내가 왜 종이야? 자유 대한민국에 사는데 내가 왜 종이야?" 그러나 수긍이 가든 안 가든, 자존심이 상하든 아니든, 이 이름도 꼭 마음에 새겨두시기 바랍니다. 진리의 말씀 성경이 일러주는 우리 인생의 이름입니다.

17절에 "하나님께 감사하리로다." 주님께 감사하는 것으로 인생을 묵상하는데, "너희가 본래 죄의 종이더니." 우리 인생이 그랬다는 거예요. 우리는 종이었다. 그것도 죄의 종이었다. 그런데 여기에 모종의 변화가 일어나는데 "너희에게 전하여준 바 교훈의 본을 마음으로 순종하여." 복음이 들어오고 우리 안에도 변화가 일어나는데 18절 같이 읽습니다. "죄로부터 해방되어 의에게 종이 되었느니라."

잘 읽으셔야 하는데, '종에서 자유인으로'의 변화가 아닙니다. 대신 '죄의 종'에서 누구의 종으로? '의의 종'으로의 변화입니다. 눈여겨볼 것이, 변하지 않는 부분이 있습니다. 우리 인생에 변화가 일어나지만, 그럼에도 안 변하는 부분이 있는데, 종입니다. 죄의 종도 종이지만, 의의 종도 종입니다. 이 부분이 안 바뀐다는 겁니다. 시대가 흐르고 역사가 진전되면서 우리 인생의 모습이 많이 바뀌지만, 아무리 시대가 흐르고 상황이 바뀌어도 요지부동 안 변하는 대목이 있으니, 종이라는 겁니다. 그게 인생이라는 거예요. 인생들아, 그대 이름은 종이니라.

공감이 되시는지요? 인생은 종이라는 말에 공감이 되시는지요? 앞서 언급했지만 공감되지 않을 수도 있습니다. "내가 왜 종이야?" 로마서를 처음 받은 바울 당시 사람들도 그랬습니다. "내가 왜 종이야? 나는 자유인인데." 바울 당시엔 두 종류의 사람이 있었습니다. 종과 자유인입니다. 남자와 여자의 구분도 컸지만, 당시 그보다 더 무거운 구분이 있다면 종과 자유인이었습니다. 자유인은 자유인이어서 행복하고, 종은 종이어서 가슴 아픈 시절이었습니다. 그런데 오늘 사도 바울이 선포하기를 "그거 다 착각이야. 인생은 모름지기 다 종이야. 종도 종이고, 자유인도 사실은 종이야. 인생 자체가 그래." 인생은 종이다! 성경이 일러주시는 인생의 진실입니다. 마음에 새겨두시기 바랍니다.

2. 자유가 항상 행복한 것은 아니다

이어서 삶의 진실 두 번째, 분위기가 조금 바뀌는데요, 이겁니다. 자유가 항상 행복한 것은 아니다! '자유=행복'은 아니라는 거예요. 흔히들 그렇게 생각합니다. 자유가 있어야 행복하다. 그런데 성경의 생각은 다릅니다. 자유와 행복이 반드시 같이 가는 건 아니라는 겁니다. 다시 말해, 종이라는 이름이 꼭 불행한 이름은 아니라는 겁니다. 17절에 "하나님께 감사하리로다." 종 이야기를 꺼내는 성경의 톤이 어둡지 않아요. 왜냐하면, 종의 자리가 꼭 나쁜 자리가 아니기 때문입니다.

미국 배우 중에 모건 프리먼(Morgan Freeman)이라고 있습니다. 굵직한 배역을 많이 맡은 흑인 배우인데, 볼 때마다 이름이 참 인상적이라는 생각이 듭니다. 프리먼 하면 우리말로 자유인이잖아요. 이름치곤 직설적이죠. 우리나라 사람은 이름에 이런 단어를 잘 안 넣습니다. 김 자유, 박 자유, 들어보셨나요? 저는 한 번도 없어요. 그런데 왜 모건의 조상들은 이름에다 자유를 넣었을까? 자유의 소중함을 알기 때문입니다. 모건을 포함해서 미국 흑인들은 다들 아프리카에서 노예로 잡혀온 사람들입니다. 아프리카 초원을 자유로이 뛰어다니다가 어느 날 쇠사슬에 묶여서 잡혀온 거예요. 얼마나 힘들었겠어요. 자유의 소중함을 뼈 아프게 느꼈을 겁니다. 그래서 아예 이름을 자유인이라고 지은 게 아닌가, 그런 생각이 듭니다.

그런데 모건의 조상들이 미처 몰랐던 게 하나 있는데, 자유가 항상 행복한 것은 아니라는 사실입니다. 자유가 반드시 행복을 보장하지는 않아요. 우리 인생이 그렇게 단순하지가 않아요. 독재보다 더 힘겨운 것은 아노미(무정부 상태)라는 말이 있습니다. 독재는 백성을 종으로 만들기에 고통스럽고 힘이 듭니다. 그래서 북한 주민들이 자유를 찾아 목숨을 걸고 북한을 떠나려 합니다. 그런데 독재보다 백성을 더 힘들게 만드는 게 있다는 거예요. 무정부, 아노미입니다. 묘한 것이, 아노미는 자유의 극단이요 자유의 극치입니다. 아무런 제약이 없는 상태, 완전한 자유입니다. 그런데 이게 행복하지 않아요. 심지어 독재보다 더 힘들어요. 인생이 참 묘합니다.

물리 법칙도 그렇습니다. 우주는 자유의 공간입니다. 아무런 제약도 없고, 심지어 중력의 제한도 없어서 둥둥 떠다니는 그야말로 자유의 공간입니다. 그런데 그곳이 행복의 공간이냐, 하면 그렇지가 않습니다. 영화 '그래비티'를 보면 중력에서의 자유가 얼마나 무서운지를 알 수 있습니다. 우주 공간을 자유로이 유영하잖아요. 그런데 그게 전혀 행복하지도 안전하지도 않아요. 아무도 나를 붙잡아주지 않아요. 그것이 자유라면 소름끼치는 자유이고, 절대로 누리고 싶지 않은 비참한 자유입니다. 자유의 탈을 쓴 방치요, 자유의 껍데기를 쓴 비참한 버려짐에 불과합니다. 그래서 주시는 말씀, 자유가 항상 행복한 것은 아니다. 그렇다면 참된 행복은 어디에 있을까?

3. 참된 자유는 진정한 주인을 만남에 있다

여기서 세 번째 진실로 넘어갑니다. 성경이 주시는 인생의 진실 세 번째, 이게 오늘 말씀의 중심이라고 할 수 있습니다. 참된 자유는 진정한 주인을 만나는 데 있다! 참된 행복이 어디에 있느냐? 자유도 좋고, 해방도 좋지만, 삶의 진실이 그렇게 간단치가 않아요. 인생의 행복은 자유가 아니라, 오히려 참된 주인을 만나는 데 있다! 주의 말씀입니다. 진정한 행복을 누리기를 원한다면, 자유를 찾지 말고 참된 주인을 찾으라!

오래 전 윤시내라는 가수가 있었습니다. 목소리가 허스키해서 독특한 매력이 있었죠. 그분 히트곡 중에 '벗어나고 파~' 기억나시나요? "벗어나고 파~ 그대에게서 벗어나고 파~" 이게 히트할 수밖에 없던 것이, 누구에게나 그런 대상이 있습니다. 벗어나고픈 대상. 아이들한테는 엄마일 수 있어요. 자꾸 잔소리 하니까. 엄마한테는 지겨운 부엌일 수도 있습니다. 누구에게나 그런 대상이 있어요. 그러니까 온 국민이 목 놓아 벗어나고 파~ 노래를 불렀어요. 그런데 나이가 들면서 그게 참 어리석었다는 생각이 듭니다. 이제는 "벗어나고 파~" 보다는 오히려 이젠 "함께하고 파~." 삶의 행복이 생각보다 깊은 자리에 있다는 걸 느끼게 됩니다.

22절 같이 읽습니다. "그러나 이제는 너희가 죄로부터 해방되고 하나님께 종이 되어 거룩함에 이르는 열매를 맺었으니 그 마지막은 영생이니라." 인생의 행복이 어디 있는지를 요약하는 구절입니다. "너희가 죄로부터 해방되고." 벗어남의 자유를 소개합니다. 그런데 벗어난다고 행복한 게 아니에요. 진짜 행복은 따로 있으니, "하나님께 종이 되어." 종의 길에 오히려 행복이 있습니다. 무언가로부터 벗어나는 from의 자유도 소중하지만, 때로 누군가에게 소속되는 into의 자유가 정말 소중합니다.

그런 의미에서 사랑하는 성도 여러분, 자유인도 좋지만 주인을 모신 인생이 되기를 주님의 이름으로 축원합니다. 거기에 인생의 행복이 있어요. 우리는 주인이 필요한 존재입니다. 그래서 우리의 이름이 종입니다. 종이라는 이름은 계급적 비천함을 지칭하는 게 아닙니다. 오히려 우리의 연약함과 그래서 주인이 필요함을 이야기합니다. 우리는 완전한 존재가 아닙니다. 우리는 홀로 살아갈 수 있는 존재가 아닙니다. 우리는 양과 같은 존재입니다. 울타리가 필요하고 이끌어줄 목자가 필요합니다. 거기에 참된 행복이 있습니다.

어떤 행복이 있느냐? 다시 22절 보면 "거룩함에 이르는 열매를 맺었으니 그 마지막은 영생이니라." 두 가지 행복을 이야기하는데요, 거룩함의 행복 그리고 영생의 행복입니다. 거룩함과 영생! 가질 수만 있다면 너무나 소중한 보물들인데, 둘의 공통점이 우리 안에 없는 것들입니다. 우리 속을 아무리 뒤져봐야 없어요. 외부에서 들어와야 하는데, 그것을 공급하는 분이 우리 인생의 주인이신 하나님입니다. 사랑하는 성도 여러분, 자유인도 좋지만 그보다 주인을 모신 인생이 되기를 바랍니다. 훨훨 날아다니는 자유도 좋지만, 주인을 모신 인생, 그 인생이 귀하고 행복합니다.

"인생의 방황은 하나님을 만나는 데서 끝이 나고, 신앙의 방황은 좋은 교회를 만나는 데서 끝이 난다." 유학 시절 어느 한인 교회에 가니까 이 문구가 걸려 있었습니다. 주변의 어느 교회도 그렇게 써놓은 거 같던데 "인생의 방황은 하나님과의 만남에서 끝이 나고, 신앙의 방황은 좋은 교회를 만남에서 끝이 난다." 그 좋은 교회가 어느 교회일까요? 우리 교회가 그런 교회가 되기를 바랍니다.

또한 목장이 여러분에게 그런 공간이 되기를 바랍니다. 목자님들한테 목장일기 댓글 쓸 때 가끔 제가 그런 표현을 써요. "목자님, 목원들에게 듬직한 울타리가 되어주셔서 감사합니다." 목장을 향한 저의 소망입니다. 울타리가 되는 목장. 또 이게 단지 소망이 아니라, 많은 분들이 경험하는 현실이기도 합니다. 힘겨운 시간을 목장을 통해 이겨내는 분들이 많아요. 인간적으로 무너질 수 있는 상황인데, 목장을 통해서 이겨냅니다. 목자의 위로와 목원들의 격려를 통해 새 힘을 얻고 나 혼자는 감당할 수 없는 시련을 이겨내는 거예요.

자유가 소중하지만, 비교할 수 없이 소중한 것이 울타리입니다. 인생의 성숙함이란 울타리의 소중함을 아는 것이라고 할 수 있어요. 가벼운 눈으로 보면 울타리는 나를 가두는 감옥이지만, 깊은 눈으로 보면 울타리는 나를 지켜주는 듬직한 버팀목이요, 나를 붙들어주는 따뜻한 어깨동무입니다. 교회를 통해, 목장을 통해 삶의 듬직한 울타리를 경험할 수 있기를 바랍니다. 무엇보다 우리의 참된 목자요 보호자이신 하나님을 만나게 되기를 소망합니다.

4. 중립지대는 없다

이제 말씀을 마무리할 시간인데요, 오늘 성경이 넌지시 그렇지만 강하게 선포하는 중요한 진리 하나를 첨부합니다. 중립지대는 없다! 오늘 본문 전체에 흐르는 묵직한 진실입니다. 선택의 기로에서 중립지대는 없다는 겁니다. 하나님의 사람이 되던가, 아니면 악한 어둠에 속한 사람이 되는 것이지, 이것도 아니고 저것도 아닌 중립지대는 없다.

오늘 로마서가 강한 어조로 하나님의 사람이 되라고, 하나님의 종이 되라고 권면합니다. 무언가로부터 자유한 사람이 되기보다 참된 주인을 찾고 거기에 매인 사람이 되라고 강한 어조로 가르칩니다. 왜냐하면, 중립지대가 없기 때문입니다. 이쪽도 아니고 저쪽도 아닌 중립지대가 없기 때문입니다.

오늘 본문은 사람을 두 종류로 나눕니다. 죄의 종과 의의 종. 악한 자에게 속한 죄의 종, 그리고 하나님께 속한 의의 종, 이렇게 둘로 구분합니다. 그리고 그걸로 끝입니다. 제3지대를 소개하지 않아요. 왜냐하면, 없기 때문입니다. 중립지대는 없어요. 하나님을 모시지 않은 인생은 반드시 어둠을 모시게 되어 있다는 겁니다. 자기도 모른 채 그렇게 된다는 겁니다.

지금 그런 현실을 많이 봅니다. 나는 중립이라고 생각하는데 실상은 어둠을 택한 경우가 많아요. 인간의 자유를 누린다고 하면서 실상은 어둠으로 빠져드는 일들이 많아요. 인간의 자기 결정권이라는 이름으로 하나님이 주신 존귀한 형상을 일그러뜨리는 일들이 많아요. 그 이면에 드러나지 않은 주인이 있습니다. 어둠의 주인입니다. 하나님을 모시지 않은 인생은 불가피하게 어둠을 모시게 되어 있습니다. 성경이 우리에게 주는 경고입니다. 중립지대는 없습니다.

결론 - 하나님의 종의 행복을 누리라

말씀 정리합니다. 오늘의 말씀은 인생, 알고 사는가? 성경이 소개하는 인생의 진실을 정리했는데, 결론은 이겁니다. 사랑하는 성도 여러분, 하나님을 붙드는 인생이 되시기 바랍니다. 종이라고 불러도 좋고, 자녀라고 불러도 좋아요. 하나님의 종도 좋고, 하나님의 자녀도 좋은데, 어떡하든 하나님을 모신 인생이 되기를 바랍니다. 하나님을 주인으로, 하나님을 아버지로 모신 존귀한 인생이 되기를 바랍니다.

거기에 참된 행복이 있습니다. 거기에 영광이 있습니다. 거기에 생명이 있습니다. 인생의 존귀함은 자유가 아니라, 참된 주인을 만나는 데 있습니다. 인생의 행복은 벗어나고 파~ 벗어남이 아니라 참된 울타리를 만나는 데 있습니다. 진정한 자유는 자유가 아니라 하나님께 매임에 있습니다. 존귀하신 하나님의 품 안에서 영원한 행복을 거머쥐시는 복된 인생이 되시기를 주님의 이름으로 축원합니다.

<생각할 거리>

1. 인생은 _____(이)다. 제일 먼저 떠오르는 단어는 무엇입니까? 그렇게 생각한 이유는 무엇입니까?

2. '인생은 종이다'라는 말씀에 공감이 되시는지요? 나에게 가장 큰 영향력을 행사하는 내 삶의 울타리, 혹은 내 삶의 주인은 무엇일까요?

3. 참된 자유는 울타리 바깥이 아니라 오히려 울타리 안에 있다는 말씀에 공감하는지요?

4. 중립지대는 없다는 선언이 우리에게 요구하는 바는 무엇일까요?

5. 나는 하나님을 주인으로 모신 인생입니까?

변화의 그릇 - 변화의 두려움을 이기라

(롬 7:1-6)

<설교 구상>

신앙이 무엇인지를 묵상하는 설교다. 신앙은 변화요, 변화 중에서도 삶의 주인을 바꾸는 큰 변화라고 선포한다. 바울은 남편이 죽고 새로운 남편에게로 옮겨가는 것에 비유한다. 그만큼 신앙은 우리 삶에 큰 변화를 의미한다. 복음을 받아들이는 것이 결코 쉽지 않은 이유가 바로 여기에 있다. 유대인들이 율법을 버리고 주님께로 나아오는 것을 거절했고, 지금도 주님께 나아오기를 주저하는 분들이 많은데, 그 어려움을 이해해줘야 한다.

그러면서 마지막에, 신앙은 결코 놓칠 수 없는 영광스러운 변화라고 선포한다. 신앙이 요구하는 변화의 부담이 크지만, 그 변화가 너무나 영광스러운 변화이기에, 너무나 귀한 주인을 모시는 길이기에 절대로 놓쳐서는 안 된다는 권면의 메시지다. 이미 신앙으로 들어온 성도들을 향해서는 격려의 메시지요, 아직 신앙의 가장자리에서 주저하는 분들을 향해서는 부담을 이기고 들어오라는 뜨거운 초대의 설교다.

변화의 그릇 –
변화의 두려움을 이기라

(롬 7:1-6)

1 형제들아 내가 법 아는 자들에게 말하노니 너희는 그 법이
사람이 살 동안만 그를 주관하는 줄 알지 못하느냐 2 남편
있는 여인이 그 남편 생전에는 법으로 그에게 매인 바 되나
만일 그 남편이 죽으면 남편의 법에서 벗어나느니라… 4 그
러므로 내 형제들아 너희도 그리스도의 몸으로 말미암아 율
법에 대하여 죽임을 당하였으니 이는 다른 이 곧 죽은 자 가
운데서 살아나신 이에게 가서 우리가 하나님을 위하여 열매
를 맺게 하려 함이라

서론: 신앙을 갖기가 어려운 이유

　오늘의 말씀은 신앙입니다. 신앙, 알고 믿는가? 지난주에는

인생을 묵상했습니다. 인생, 알고 사는가? 인생을 살면서도 인생이 무엇인지 모를 수 있듯이 신앙도 그렇습니다. 신앙이 무엇인지 잘 모른 채 그냥 믿을 수도 있습니다. 그런 의미에서 진중한 자세로 우리의 신앙을 물으려 합니다. 신앙, 알고 믿는가?

부제목이 있는데 '신앙을 갖기가 어려운 이유'입니다. 이 땅에는 신앙을 거절하는 분들이 많습니다. 생명의 복음이 선포되었지만 거절하는 분들이 많아요. 이유가 뭘까요? 이렇게 좋은 신앙을 왜 거절하는 것일까? 그 이유를 추적하려 합니다. 추적하다보니 신앙의 정체에 관한 질문으로 넘어가게 됩니다. 신앙이란 무엇인가? 신앙의 정체를 살피면 왜 그분들이 신앙을 향해 마음을 열지 못하는지 이유가 보입니다. 그러니 전도하지 말자는 건 아닙니다. 먼저 믿는 우리는 더욱 신앙에 굳게 서고, 또한 믿지 않는 분들의 마음도 잘 헤아려서 보다 잘 섬길 수 있는 지혜를 얻자는 겁니다. 그런 의미에서 신앙이란 무엇인가? 함께 묵상하실 때 귀한 깨달음의 시간이 되기를 소망합니다. 아멘.

1. 변화

우선 첫째, 변화입니다. 신앙이란 무엇인가? 신앙은 믿음이기도 하고, 신앙은 섬김이기도 합니다. 그런데 또한 신앙은 변화입니다. 신앙은 사랑이기도 하고, 신앙은 절망 중에 희망이기도 합니다. 그런데 신앙의 가장 근본적인 이름, 특히 믿지 않는 분들에게 신앙이 가지는 가장 체감적인 이름은, 바울이 말하길, 변화입니다. 그래서 신앙이 어려워요. 변화라는 것이 쉽지가 않잖아요. 변화를 받아들이는 것은 말처럼 쉬운 일이 아닙니다.

2절을 같이 읽습니다. "남편 있는 여인이 그 남편 생전에는 법으로 그에게 매인 바 되나 만일 그 남편이 죽으면 남편의 법에서 벗어나느니라." 남편 이야기가 나오고 남편의 죽음 이야기도 나오고, 그래서 남편으로부터 벗어나게 되었다는 말도 나옵니다. 언어가 강합니다. 신앙을 소개하면서 바울이 이런 상황을 상정합니다. 무슨 의미일까요? 신앙은 변화라는 겁니다. 그것도 굉장히 큰 변화입니다. 그래서 신앙이 어렵습니다.

책에서 어느 대기업 회장님의 이야기를 읽은 적이 있습니다. 우리나라에서 제일 큰 기업을 이룬 분인데, 경영에 있어 변화를 굉장히 강조한 분으로 알려져 있습니다. 위기 경영, 변하지 않으면 죽는다! 이게 그분의 사업 모토입니다. 언젠가 이분이 독일 프랑크푸르트라는 도시에 회사 임원들을 다 모아놓고는 굳은 얼굴로 변화를 선언했다고 합니다. "다 바꿔라. 마누라와 자식 빼고는 전부 바꿔라." 누구 이야긴지 아실 거예요. 그렇게 변화와 혁신을 거듭한 끝에 세계적인 기업을 이룬 것으로 평가되고 있습니다.

그런데 이분이 집에 와서는 달랐다고 합니다. 기업인들이 그렇지만 해외 출장을 많이 다녔는데, 책에 보니까 미국에 가면 한국에 있는 이분 집하고 똑같은 집이 있다고 합니다. 소파도 똑같고, 침대도 똑같고, 거실 구조도 똑같고, 벽지도 똑같고, 완전 똑같아요. control C, control V 해 놓은 듯이 똑같은 집을 마련해 놓고는, 출장 가면 거기 머물렀다고 합니다. 그래야 마음이 안정되고 생각이 잘 돌아간다고.

묘하죠. 그렇게 변화, 변화, 하시는 분이 집에 와서는 그랬다는 거예요. 그런데 의아스럽다 싶다가도 충분히 이해가 되는 것이, 변화는 피곤합니다. 삶의 행복을 위해서는 변화도 좋지만 익숙함이 주는 안정감이 필요합니다. 사업이야 어쩔 수 없이 변화를 모색해야 하지만, 삶의 행복을 생각하면 변함없이 늘 그대로인 영역이 꼭 필요합니다. 거기서 사람이 평안과 행복을 누립니다. 그런 의미에서 신앙을 갖는다는 것이 말처럼 쉬운 일이 아닙니다.

그래서 유대인들이 주님을 영접하지 못했습니다. 바울 당시 많은 유대인들이 복음을 거절했는데, 여러 이유가 있지만 변화의 부담감이 크게 한몫했습니다. 유대인들은 일생을 율법과 함께 살아왔습니다. 율법을 사랑하고, 율법에서 삶의 의미를 찾고, 거기서 하나님을 만나고, 그렇게 살아온 세월이 수백 년, 사실상

그들이 아는 세월의 전부입니다. 그런데 어느 날 복음이 들어오는데, 구원은 율법이 아니라 예수님의 십자가로 얻는다는 겁니다. 그리로 들어오라는 거예요. 이러니 유대인들로서는 복음을 받기가 쉽지 않은 거예요.

오늘의 말씀, 신앙은 변화다. 각설하고, 사랑하는 성도 여러분, 변화의 부담을 이기고 복음으로 나아오신 여러분을 주님의 이름으로 환영합니다. 변화의 부담을 떨치고 진리의 복음으로 나아오신 여러분의 걸음에 경의를 표합니다. 아멘. 그게 신앙입니다.

2. 주인의 변화

한 걸음 나아가 두 번째, 신앙이란 무엇인가? 두 번째는 주인의 변화입니다. 신앙이 변화라고 했는데 그냥 변화가 아니에요. 엄청난 변화요, 굉장한 변화요, 심지어 두려운 변화입니다. 이름하여, 주인을 바꾸는 일입니다. 액세서리 하나 바꾸는 게 아닙니다. 회사 직원 하나 바꾸는 게 아니고, 신앙은 내 삶의 주인을 바꾸는 것입니다.

3절 같이 읽습니다. "그러므로 만일 그 남편 생전에 다른 남자에게 가면 음녀라. 그러나 만일 남편이 죽으면 그 법에서 자유롭게 되나니 다른 남자에게 갈지라도 음녀가 되지 아니하느니라.” 우리 삶에 남편이 차지하는 자리가 무엇일까요? 작은 자리가 아니죠. 지금도 그렇지만, 예전에는 더 그랬습니다. 우리 조상들이 쓰던 한문을 보면 남편이 하늘보다 높습니다. 지아비 부 (夫) 혹은 남편 부 한자를 보면, 하늘 천(天)에 획이 천장을 뚫고 올라갑니다. 하늘보다 높은 남편이라는 뉘앙스가 느껴집니다.

우리 조상들만 그런 게 아니고 유대인 사회도 그랬습니다. 유대 사회에서는 사람 수를 헤아릴 때 여자는 포함하지 않았습니다. 오병이어 기적에서 예수님이 오천 명을 먹이셨다고 나오는데, 실제 숫자는 이만 정도로 추정합니다. 왜냐하면 당시 사람 수를 헤아릴 때 여자와 아이는 숫자에서 제외했기 때문입니다. 온전한 사람 취급을 못 받았던 겁니다.

잠시 곁길로 나가서, 유대 사회에서 여인을 무시했다고 했는데 성경도 그랬을까요? 성경도 여인을 무시할까요? 그럴 수 없느니라! 결코 그렇지 않습니다. 당시 사회적인 정서가 그랬다는 것이지, 성경은 여인을 매우 존중합니다. 예수님의 부활을 증언한 최초의 증인은, 성경에 의하면 여인들입니다. 복음서가 그렇게 기록합니다. 이것이 당시 정서로서는 매우 의아한 것이, 당시 여인들의 증언은 법정에서 잘 인정받지를 못했습니다. 믿을 수 없는 존재들이라고. 그런데 성경은 예수님의 부활의 목격 증인, 가장 중요한 복음의 증인으로 여인들을 내세웁니다. 그만큼 성경이 여자 분들을 존중하는 겁니다.

다시 본문으로 돌아와서, 바울은 신앙이란 남편이 죽고 다른 남편을 맞이하는 것과 같다고 선포합니다. 신앙은 새로운 남편에게로 옮겨가는 것이다. 신앙이 그만큼 어려운 일이라는 겁니다. 당시 언어로 남편은 주인과 다름없었습니다. 신앙이란 내 삶의 주인을 바꾸는 겁니다. 회사 직원 하나 바꾸는 게 아닙니다. 몸에 걸치는 액세서리 하나 바꾸는 변화가 아닙니다. 신앙은 나의 삶의 주인을 바꾸는 변화입니다.

그러니 어려워요. 오늘 설교에 부제목이 있다고 했죠. 신앙을 갖기가 어려운 이유. 정말 어려워요. 안 믿는 분이 믿음으로 나오는 것이 결코 간단한 일이 아닙니다. 그러니 이제 전도하지 말자는 말이냐, 하면 결코 그건 아닙니다. 전도해야죠. 다만 믿지 않는 분들을 이해해 주어야 한다는 겁니다. 믿음으로 들어오지 못하는 분들의 마음을 이해해주어야 합니다. 더 인내하고, 더 많이 기도해 주고, 이 큰 변화를 받아들일 수 있도록 응원해주어야 합니다.

그런데 오늘 설교에 부제목이 하나 더 있어요. '나는 진짜 신앙인인가?' 설교가 늘 그렇지만, 설교는 저 사람이 아니라 나에게 주시는 말씀입니다. 오늘도 그래요. 나에게 주시는 말씀입니다. 사랑하는 성도 여러분, 우리 스스로에게 질문을 던져봅시다.

나는 정말 신앙인입니까? 신앙이란 삶의 주인을 바꾸는 것이라고 했는데, 나는 정말 신앙으로 들어왔습니까? 내 신앙은 진짜 신앙입니까? 우리의 신앙을 진중하게 성찰해 보기를 바랍니다.

오늘 본문이 남자 분들에게는 체감적으로 덜 다가올 수 있어요. 남편의 자리를 남자가 알기는 어렵습니다. 그런 의미에서 남자 분들이 읽을 때는 조금 다른 비유가 필요합니다. 고민해 봤는데, 저한테는 운전대 비유가 좋을 것 같습니다. 신앙이란 내 삶의 운전대를 주님께 맡기는 것이다. 저는 여간해서는 아내한테 운전대를 잘 안 맡깁니다. 도무지 피곤해서 안 될 때는 몰라도, 거의 안 맡겨요. 그래서 아내가 불만이 많아요. 자기를 못 믿어서 그런다고. 없지 않아 그런 면도 있을 겁니다.

그런데 정직하게 말하면 더 큰 이유가 있습니다. 이유인즉, 저는 제가 운전하는 게 좋아요. 남이 운전하는 대로 흘러가는 건 편치가 않아요. 길치가 조금 있어서 자주 둘러가기도 합니다만, 그래도 나는 내가 운전하는 게 좋아요. 자동차 운전도 그럴진대 삶의 운전대는 더욱 그러합니다. 나는 내 삶을 내가 운전하고 싶어요. 내가 내 삶의 주인이 되고 싶다는 말입니다. 저만 그런 게 아니고 우리가 다 그럴 겁니다.

그런데 하필 신앙이 뭐냐? 신앙이란, 내 삶의 운전대를 주님께 맡기는 것이다. 심지어 성경은 신앙을 죽음이라고 표현합니다. 4절에 "그러므로 내 형제들아 너희도 그리스도의 몸으로 말미암아 율법에 대하여 죽임을 당하였으니." 신앙은 내가 죽는 것이다, 그 말입니다. 신앙이란 나의 자아가 죽고, 내 삶의 운전대를 주님께 맡기는 것이다. 성도 여러분, 우리는 진짜 신앙인입니까? 우리는 정말 신앙으로 들어왔습니까?

제 방에 오면 창틀에 작은 캘리그라피 액자가 하나 있습니다. "오직 내 안에 그리스도께서 사시는 것이라." 교회로 부임할 때 제 강의를 듣던 학생 목사님의 사모님이 써주신 겁니다. 목회하러 가는데 좋아하는 문구가 있으면 써주겠다고 해서, 잠시 고민하고는 그 구절을 골랐습니다. 갈라디아서 2장 20절 "내가 그리스도와 함께 십자가에 못 박혔나니 그런즉 이제는 내가 사는 것이 아니요 오직 내 안에 그리스도께서 사시는 것이라."

왜 이 구절이냐? 이게 신앙이라는 걸 잘 알고 있기 때문입니다. 이게 목회이고, 이게 신앙이라는 걸 제가 잘 알기 때문입니다. 그리고 이게 정말 쉽지 않다는 걸 잘 알기에 방에다 걸어놓았습니다. 한 목사님은 이 구절을 요약하기를 "나는 죽고 예수로 사는 사람"이라고 표현하시는데 정말 맞는 말이다 싶어요. 신앙이란 그런 겁니다. 신앙은 단지 종교를 바꾸는 게 아닙니다. 신앙이란 삶의 주인을 바꾸는 겁니다. 나는 죽고 내 삶의 운전대를 주님께 맡기는 것이 신앙입니다. 사랑하는 성도 여러분, 우리는 진짜 신앙인입니까? 우리는 진짜 신앙의 세계로 들어왔습니까? 설교가 점점 무거워지는 느낌입니다.

3. 놓칠 수 없는 영광스러운 변화

마지막으로, 신앙이란 무엇인가? 마지막으로 이 이름을 붙이고 싶어요. 신앙은 놓칠 수 없는 영광의 변화다. 신앙은 변화요, 변화 중에서도 덩치가 큰 변화라고 했습니다. 내 삶의 주인을 바꾸고, 운전대를 맡기고, 심지어 나의 자아가 죽는 것이 신앙이라고 했는데, 그렇다면 우리 이거 꼭 해야 할까요? 이 부담스러운 신앙의 세계로 우리가 꼭 들어가야 할까요? 예, 그렇습니다. 꼭 그렇게 해야 합니다. 왜냐하면, 그 주인이 너무 좋은 분이기 때문입니다.

복음을 통해 우리가 모시는 삶의 주인은 너무나 귀한 분입니다. 누구처럼 폭군이 아닙니다. 이기적인 갑질 주인도 아닙니다. 그런 주인이라면 피하는 것이 지혜입니다. 그런데 우리 신앙의 주인은 그런 분이 아닙니다. 우리를 위해 모든 것을 희생하시는 분, 온 몸 다해 온 맘 다해 우리를 사랑하시는 주인입니다. 심지어 우리를 위해 당신의 외아들을, 외아들의 목숨을 십자가에 내어주시는 사랑의 주인입니다. 어떻게 이런 분을 놓칠 수 있겠어요? 이런 분이라면 삶을 맡겨야 합니다.

거기다 그분은 깊은 지혜가 있습니다. 그분의 지혜를 성경은 노래하기를, "깊도다 하나님의 지혜와 지식의 풍성함이여, 그의 판단은 헤아리지 못할 것이며 그의 길은 찾지 못할 것이로다."(롬 11:33) 이거 맞는 말입니다. 저에게도 경험이 있습니다. 제 인생에도 더러 힘겨운 시간이 있었습니다. 어떻게 해야 할지 막막할 때. 이야기하자면 길어요. 그때 두어 번 이분에게 제 삶의 운전대를 맡겼습니다. 기도하면서 제 삶의 운전대를 이분께 맡겼습니다. 쉬운 일은 아니었습니다. 이러다가 내 삶이 어떻게 되는 거 아닌가, 두려움도 있었습니다. 그렇지만 두려움을 이기고 그렇게 했는데, 돌아보니 이런 고백이 나옵니다. "깊도다, 하나님의 지혜와 따뜻한 인도하심이여."

하나님의 지혜가 깊습니다. 그분이 이끄시는 길에는 터널도 있고, 내리막도 있고, 때로 멀리 둘러가는 것처럼 보이기도 합니다. 그러나 결국은 가장 선한 길로 인도하시는 지혜의 하나님입니다. 그분이 열어주신 선한 길 가운데 하나가 우리 교회였습니다. 제 삶의 가장 힘겨운 순간에 주께서 우리 교회로 인도해주셨어요. 제가 운전했다면 이렇게 아름다운 열매를 거두지 못했을지 몰라요.

그런 의미에서, 신앙이란 무엇인가? 신앙이란, 절대로 놓쳐서는 안 되는 영광의 변화입니다. 아멘. 부담스러워도 알고 보면 영광스러운 변화입니다. 종이 되는 것처럼 보여도, 알고 보면 존귀함으로의 변화입니다. 자아가 죽고 내가 죽는 것처럼 보여도, 알고 보면 가장 복된 자리로의 변화입니다. 그런 의미에서 사랑하는 성도 여러분, 진짜 신앙인이 되시기 바랍니다. 하나님을 우리 삶의 주인으로 모셔 들이시기 바랍니다. 거기에 우리 인생의 행복이 있고, 거기에 우리 인생의 존귀함이 있습니다. 아멘.

혹시나 오해하실까봐 이 말씀 드리고 마무리해야겠는데, 오늘 본문에 음녀 혹은 음행이라는 개념이 나왔는데, 우리 신앙이 그렇다는 건 아닙니다. 신앙은 음행이 아니라, 오히려 제자리를 찾는 겁니다. 음행이 있었다면, 신앙 이전이 그랬습니다. 원래 우리 인생의 주인은 하나님이십니다. 창조주 하나님이 원래 우리 삶의 주인이었고, 우리는 그분의 사람이었습니다. 그런데 죄로 인해 우리가 그분을 떠나 음행 중에 있었던 겁니다. 그분을 버리고 다른 곳에 삶을 의탁하고 있었던 것입니다. 그런데 이제는 제자리를 찾는 것, 그것이 신앙입니다. 그런 의미에서 신앙은 회복이라고 불러도 좋아요. 신앙은 거룩한 회복입니다. 아멘.

결론: 변화의 두려움을 이기라

말씀을 맺습니다. 오늘의 말씀은 신앙, 알고 믿는가? 한 편의 설교로 우리의 신앙을 어떻게 다 풀어놓겠습니까만, 신앙의 세계를 한 뼘 더 깊이 이해하는 시간이 되셨기를 바랍니다. 신앙이란 변화입니다. 변화 중에서도 큰 변화요, 두려운 변화이기도 합니다. 내 삶의 주인을 바꾸는 일이요, 심지어 나의 죽음입니다. 그래서 많이 부담스러울 수 있지만, 절대로 놓치지 않기를 바랍니다. 겉보기엔 부담스러워도 알고 보면 우리의 삶을 가장 행복하고 존귀하게 만들 최고의 선택입니다. 세상에서 가장 아름다운 변화, 살아계신 하나님을 나의 주인으로 모시는 지혜로운 인생, 행복한 신앙인이 되시기를 주의 이름으로 축원합니다. 아멘.

<생각할 거리>

1. 내 삶에서 경험한 제일 큰 변화, 가장 부담스러운 변화는 무엇이었습니까?

2. '신앙은 변화이고, 변화 중에서도 내 삶의 주인을 바꾸는 엄청난 변화다'라는 말에 공감하십니까? 나는 그 변화를 받아들였습니까?

3. 자기 주도적인 삶이 가진 긍정적인 면과 부정적인 면을 생각해 봅시다. 자기 주도적인 삶의 반대말은 무엇일까?

4. 신앙을 일컬어 '놓칠 수 없는 영광스러운 변화'라고 선포하는데, 여기에 공감하십니까? 신앙이 우리에게 선물하는 영광은 무엇이 있습니까?

말씀의 그릇 - 말씀 사용법

(롬 7:7-14)

<설교 구상>

오늘 본문은 "율법이 죄냐?"라는 충격적인 질문으로 시작된다. 하나님이 주신 거룩한 율법이 죄라니, 이런 도발적인 질문이 어디서 나오는 것일까? 죄인들이 율법을 남용하기 때문이다. 도둑질하지 말라는 율법 앞에서 죄인은, 도둑질을 버리기보다 오히려 도둑질이라는 새로운 세계에 눈을 뜬다. 탐내지 말라는 율법 앞에서 탐심을 버리기보다 오히려 탐심에 눈을 뜬다. 하나님이 주신 거룩한 선물이 죄인의 손에서 범죄 교과서로 남용되는 순간이다. 급기야 10절은 "생명에 이르게 할 그 계명이 내게 대하여 도리어 사망에 이르게 하는 것이 되었도다"라고 선포한다.

설교 구성에 고민이 많았다. 죄인들이 계명을 남용하는 과정을 자세히 풀수도 있겠지만, 성도들에게 큰 유익이 있을 것 같지 않다. 남용의 과정은 간략히 소개하고, 설교의 중심은 하나님이 원래 의도하신 말씀의 용도에 집중하기로 했다. 말씀은 삶의 길잡이요, 나의 허물을 보여주는 거울이요, 나의 존귀함을 깨닫게 하는 신분증이요, 나를 향한 하나님의 응원과 기대요, 무엇보다 말씀은 하나님과의 교제의 통로라고 선포한다.

말씀의 그릇 –
말씀 사용법

(롬 7:7-14)

7 그런즉 우리가 무슨 말을 하리요 율법이 죄냐 그럴 수 없느니라 율법으로 말미암지 않고는 내가 죄를 알지 못하였으니 곧 율법이 탐내지 말라 하지 아니하였더라면 내가 탐심을 알지 못하였으리라 8 그러나 죄가 기회를 타서 계명으로 말미암아 내 속에서 온갖 탐심을 이루었나니 이는 율법이 없으면 죄가 죽은 것임이라 9 전에 율법을 깨닫지 못했을 때에는 내가 살았더니 계명이 이르매 죄는 살아나고 나는 죽었도다 10.생명에 이르게 할 그 계명이 내게 대하여 도리어 사망에 이르게 하는 것이 되었도다

서론 - 말씀을 주신 이유는?

오늘의 말씀은, 말씀 사용법입니다. 말씀을 어떻게 사용해야하는가? 인간의 어리석음 가운데 하나가 오남용의 습성입니다. 귀한 선물을 받았는데 그걸 제대로 사용하지 못하고, 엉뚱하게 오용하고 남용합니다. 가벼운 예로, 실내 사이클은 빨래 걸이가 아닙니다. 뜨끔한 분들이 더러 있을 겁니다. 실내 사이클은 운동기구인데, 일부 가정에서는 빨래 걸이로 전락합니다. 저도 회개합니다. 저는 상당 기간 모자걸이로 사용했습니다.

더 심각한 예도 있는데, 미디어의 역사는 음행의 역사라는 말이 있습니다. 지금까지 인류는 책이나 잡지 같은 종이 미디어부터 비디오, CD, 최근에는 디지털 매체까지 다양한 미디어를 발전시켜왔습니다. 당연히 선한 목적으로 만들어진 것들입니다. 문화를 촉진시키고, 서로 소통하고, 정치적으로 민주화에 이런 매체들이 큰 역할을 하기도 했습니다. 새로운 미디어가 더 나은 사회를 위한 발판이 된 것이지요.

그런데 미디어의 역사에는 어둔 그늘도 있습니다. 새로운 미디어가 나올 때면 어김없이 발 빠르게 움직이는 영역이 있었는데, 음란물입니다. 잡지도 그랬고, 인터넷도 그렇고, 최근에 웹하드 사건도 있었습니다. 잘만 사용하면 귀한 도구인데, 악한 목적을 위해 남용되는 경우도 많습니다. 귀한 선물을 남용하고, 심지어 악용하는 죄인의 못된 습성이 낳은 어둔 역사입니다.

그런데 인간의 오남용 습성은 말씀도 피해가지 못했습니다. 생명의 말씀조차 죄인의 손에 들리면 오남용의 대상이 됩니다. 말씀은 주님이 주신 귀한 선물입니다. 시편 19편에 "여호와의 율법은 완전하여 영혼을 소성시키며." 말씀이 영혼을 소성시킨다는 고백입니다. 또 "여호와의 증거는 확실하여 우둔한 자를 지혜롭게 하며." 말씀이 어리석은 우리에게 지혜를 공급한다는 고백입니다. 그래서 노래하기를 "금 곧 많은 순금보다 더 사모할 것이며." 말씀의 가치를 금 중에서도 순금을 능가한다는 고백입니다. 그래서 그 맛을 아는 자들에게는 "꿀과 송이꿀보다 더 달도다."(시 19:7,10)

하나님이 우리에게 이렇게 귀하고도 소중한 말씀을 주셨다는 고백입니다. 그런데 오늘 로마서 본문에 너무도 안타까운 소식이 전해지는데, 7절에 "그런즉 우리가 무슨 말을 하리요? 율법이 죄냐? 그럴 수 없느니라." 율법이 죄냐고 묻습니다. 구약 성경을 통칭해서 율법이라고 부르는데, 성경 말씀이 죄냐? 이 말입니다. 매우 도발적인 질문인데, 무언가 사연이 있어 보입니다. 뒷부분 같이 읽습니다. "율법으로 말미암지 않고는 내가 죄를 알지 못하였으니 곧 율법이 탐내지 말라 하지 아니하였더라면 내가 탐심을 알지 못하였으리라."

117

인간이 주의 말씀을 남용하는 모습을 지적하고 있습니다. 풀어드리면 이렇습니다. 성경을 읽다보면 "탐내지 말라"는 말씀이 나옵니다. 십계명의 제일 마지막 계명입니다. "네 이웃의 집을 탐내지 말라 네 이웃의 아내나 그의 남종이나 그의 여종이나 그의 소나 그의 나귀나 무릇 네 이웃의 소유를 탐내지 말라."(출 20:17) 주께서 이런 계명을 주신 의도가 무엇일까요? 말 그대로 탐내지 말라는 겁니다. 내게 주신 것에 만족하고 감사하며 살라는 겁니다.

그런데 죄인인지라, 이 귀한 말씀 앞에서 엉뚱한 방향으로 나갑니다. 죄인이 생각하기를 '아하, 탐심이라는 게 있었네. 남의 물건을 탐낼 수도 있는 거구나.' 이렇게 성경을 읽고 탐심을 버리는 것이 아니라, 도리어 탐심을 배우는 겁니다. "도둑질하지 말라"는 계명을 보고는 '아하, 도둑질이라는 게 있구나.' 도둑질을 하는 거예요. 계명을 주신 분의 의도를 정면으로 거슬러, 말씀을 범죄 교과서로 오용하는 겁니다. 그 결과가 10절에 나옵니다. "생명에 이르게 할 그 계명이 내게 대하여 도리어 사망에 이르게 하는 것이 되었도다."

우리의 모습이 아니기를 바랍니다. 우리는 말씀을 남용하지 않고, 오직 주신 분의 의도에 맞게 말씀을 귀하게 사용할 수 있기를 바랍니다. 그렇다면 말씀의 원래 의도는 무엇일까? 묵상할 때에 귀한 깨달음과 결단의 시간이 되기를 간절히 소망합니다.

1. 길잡이

먼저, 길잡이입니다. 말씀의 원래 용도는, 무엇보다 우리 삶의 길잡이입니다. 주의 백성으로서 우리가 어떻게 살아야 할지, 올바른 삶의 길을 일러주는 길잡이로 쓰도록 주신 선물이 바로 말씀이라는 겁니다.

우리 예전에 열심히 불렀던 노래가 있잖아요. "잘 살아 보세. 잘 살아 보세. 우리도 한 번 잘 살아 보세." 가사가 촌스러운 듯 굉장히 솔직합니다. 잘 살아보는 것은 모두의 소망입니다. 당시 의미는 주로 경제적인 면이었습니다. 우리도 돈 좀 벌어보자. 그래서 우리도 한 번 잘 살아보자는 소망이었습니다. 그런데 잘 산다는 것은 꼭 경제적인 문제에 국한되지는 않습니다. 잘 산다는 것은 품위도 있어야 하고, 지혜도 있어야 하고, 정결함도 있어야 합니다. 그래서 말씀이 필요합니다. "주의 말씀은 내 발에 등이요 내 길에 빛이니이다."

말씀은 지식-용이 아니라 삶-용입니다. 물론 말씀을 아는 기쁨도 큽니다. 저도 많이 경험했습니다. 주의 말씀은 "꿀 곧 송이 꿀보다 더 달도다." 저로서는 이 말씀에 너무 공감합니다. 말씀의 맛은 정말 짜릿합니다. 제대로 맛보면 도무지 헤어날 수 없을 만큼 달콤합니다. 그것이 저에겐 신학의 길로 들어선 계기가 되었습니다. 그런데 기억할 것은 말씀의 달콤함에만 취하면 사이클 빨래걸이에 해당할 수 있습니다. 지식을 넘어 나의 삶을 변화시킬 때 진정으로 말씀이 내 안에 들어온 것입니다.

그래서 성경에는 명령어가 많이 나옵니다. 십계명이 대표적입니다. 이렇게 해라, 저렇게 하지 말라는 명령어가 많은데, 삶의 길잡이기 때문입니다. 그런 의미에서 말씀을 묵상할 때 그 결과물로 한 문장 명령어로 정리하는 것도 좋습니다. 오늘 나에게 주시는 명령이 뭐냐? 이 목표를 품고 말씀을 묵상하는 거죠. 주의 말씀이 지식을 넘어 우리의 삶의 열매로 나타날 수 있기를 주의 이름으로 축원합니다.

2. 거울

말씀의 용도가 무엇인가? 두 번째는 거울입니다. 말씀을 읽는 시간은 말 그대로 말씀을 읽는 시간이지만, 또한 나 자신을 읽는 시간이기도 합니다. 거울이 그렇잖아요. 우리가 거울을 보는 것은 거울을 보기 위함이 아니라, 거울 속에 비친 나를 보기 위함입니다. 말씀이 그렇습니다. 말씀을 제대로 읽으면 말씀이 거울이 되어 나의 참 모습을 보게 합니다.

'우물 안' 개구리가 있다면, '거울 밖' 개구리도 있습니다. 공통점이 교만합니다. 우물 안에 있으면 자기가 대단한 줄 압니다. 자기가 최고인 줄 알아요. 그런데 우물 밖에 나가보면 나의 참모습을 깨닫고 겸손해집니다. 말씀 밖도 그렇습니다. 말씀의 거울 앞에 나를 비춰보지 않으면 우물 안 개구리처럼 교만해집니다. 말씀의 거울 앞에서 나의 참 모습을 발견할 때 사람이 겸손해집니다. 그래서 주님은 우리에게 말씀을 주셨습니다. 나의 참 모습을 보고 겸손하라고, 성숙하라고.

그런데 가끔은 말씀을 읽고 더 교만해지는 사람도 있습니다. 성경 지식을 자랑하고, 다른 사람을 정죄하고. 죄인의 습성이란, 아무리 귀한 것을 줘도 오용하기도 합니다. 이럴 땐 어떻게 해야 할까요? 말씀을 그만 읽을까요? 그럴 수 없느니라. 오히려 더 읽어야 합니다. 더 깊이 읽어야 합니다. 말씀을 통해 내가 보일 때까지 깊이 읽어야 합니다.

앞서 말씀 묵상의 목표를 하나의 명령어로 삼으라고 했는데, 이런 원칙도 좋아요. 겸손해질 때까지 말씀을 읽으라! 내 마음이 낮아질 때까지 말씀을 읽으라. 말씀을 제대로 읽으면 겸손해집니다. 저는 말씀을 많이 읽은 사람 같은가요, 아니면 한참 더 읽어야 할 사람 같으세요? 열심히 읽겠습니다. 말씀은 나를 보는 거울입니다.

3. 신분증

한 걸음 더 나아가, 말씀의 용도가 무엇이냐? 세 번째는 신분증입니다. 말씀이 거울이라고 했는데, 말씀을 통해 나의 허물만 보는 건 아닙니다. 허물도 보이지만 나의 존귀함도 봅니다. 말씀 앞에서 내가 얼마나 존귀한 사람인지도 깨닫습니다. 이 대목을 힘주어 강조하고 싶습니다. 나를 안다는 것은 나의 허물과 죄를 아는 것이기도 하지만, 주님 안에서 내가 얼마나 귀한 사람인지를 아는 것이기도 합니다. 어쩌면 이것이 복음 지식의 중심입니다. 이 의미를 담은 이름이, 신분증입니다.

"그런즉 누구든지 그리스도 안에 있으면 새로운 피조물이라. 이전 것은 지나갔으니 보라 새 것이 되었도다."(고후 5:17) 성경에서 만나는 우리의 신분입니다. 우리는 단지 죄인이 아닙니다. 죄도 있지만, 그럼에도 우리는 존귀한 사람입니다. 허물이 있지만, 그럼에도 우리는 너무나 아름답고 존귀한 주의 자녀입니다. 예수님의 십자가가 우리를 그렇게 만듭니다. 참회의 기도드릴 때 늘 선포하는 말씀이 있습니다. "성도 여러분, 예수님의 십자가 보혈이 우리의 죄를 깨끗이 씻으시고 우리를 존귀한 주의 자녀로 회복시킵니다." 아멘.

제 머리에서 나온 문구가 아니고, 말씀이 선포하는 진실입니다. 앞서 말씀을 읽을 때 내가 보일 때까지 읽으라고 했는데, 나의 허물만 보이면 안 됩니다. 나의 존귀함이 보여야 진정한 말씀 읽기입니다. 겸손한 것하고 자존감이 낮은 건 전혀 다른 차원입니다. 말씀의 사람은 겸손하면서도 자존감이 높은 사람입니다. 사랑하는 성도 여러분, 말씀 앞에서 겸손히 회개도 하지만, 말씀 앞에서 그 어디에서도 얻을 수 없는 아름다운 자존감을 얻을 수 있기를 주님의 이름으로 축원합니다. 아멘.

4. 기대와 응원

넷째, 말씀을 주신 의도가 또 무엇이 있는가? 네 번째는, 기대와 응원입니다. 말씀은 우리를 향한 하나님의 기대와 응원입니다. 아멘. 말씀 혹은 계명에 대한 오해가 더러 있는데, 계명이 구원의 조건이라는 오해입니다. 계명을 주신 것은 잘 지켜서 구원받으라는 뜻이 아닙니다. 계명은 구원과는 별개의 차원입니다. 우리 같은 죄인이 잘 지킬 수도 없습니다. 그렇다면 계명을 주신 목적이 무엇이냐? 우리를 향한 하나님의 기대와 응원입니다.

십계명의 구조를 보면 알 수 있습니다. 출애굽기 20장에 십계명이 선포되는데, 1계명이 3절에 나옵니다. "너는 나 외에는 다른 신들을 네게 두지 말라." 생각하면 1계명이 1절에 나올 거 같은데, 3절에 나오는 이유가 뭘까? 1-2절에 계명이 선포되기 전에 더 중요한 말씀이 선포되어야 하기 때문입니다. 1절에 "하나님이 이 모든 말씀으로 말씀하여 이르시되." 2절은 같이 읽습니다. "나는 너를 애굽 땅, 종 되었던 집에서 인도하여 낸 네 하나님 여호와니라." 계명이 선포되기 전 먼저 구원을 선포합니다. 하나님이 당신의 백성을 구원하셨음을 먼저 선포하고 그러고 나서 계명이 선포됩니다.

정리하면, '선-계명 후-구원'이 아니고 '선-구원 후-계명'의 순서입니다. 무슨 의미냐? 계명은 구원의 조건이 아니라 구원 받은 백성을 위한 길잡이라는 의미입니다. 구원 받지 못한 사람에게, 이거 잘 지켜서 구원 받으라고 주신 계명이 아니라는 겁니다. 계명이 선포되기 전에 이미 구원을 주셨습니다. 주께서 먼저 우리를 구원하셨고, 계명은 그 뒤에 선포됩니다. 구원 받은 백성이 어떻게 살아야 할지를 일러주는 길잡이로 계명을 주셨다는 말입니다.

유대인들이 이걸 오해했어요. 계명을 구원의 조건으로 이해했습니다. 여기서 하나님과의 관계가 금이 가기 시작합니다. 계명을 구원의 조건으로 보다 보니, 하나님과의 관계가 메마르기 시작합니다. '이거 못 지키면 어떡하지?' 불안한 거예요. 지킬 때는 교만하고, 지키지 못할 때는 불안하고, 또 지키지 못하는 사람을 보면서 정죄하고. 바리새인의 메마름이 여기서 기원합니다. 그런데 계명의 용도는 그게 아닙니다. 이미 우리는 구원 받은 하나님의 자녀입니다. 계명은 자녀인 우리를 향한 아버지의 기대입니다. 나의 자녀라면 이 정도는 살아야지, 그런 기대의 말씀입니다.

확인하는 의미에서 질문을 드립니다. 십계명은 한물간 계명일까요, 지금도 유효할까요? 예, 지금도 유효합니다. 다만 구원의 조건이 아니라, 우리를 향한 하나님의 기대로서 유효합니다. 그런 의미에서 계명을 대하는 성도의 태도는 불안이 아니라 거룩한 부담감이어야 합니다. 거룩한 하나님의 자녀로서, 내가 이 정도는 살아야 하는데, 하는 부담감 말입니다. 지키지 못하면 어떡하나 하는 불안감이 아니라, 주의 자녀로서 이 정도는 지켜야지 하는 성숙한 부담감, 그리고 결단. 그것이 계명을 대하는 바른 태도입니다.

예배 순서 중 참회의 기도가 끝나면 늘 "자녀의 기쁨을 누리시고 거룩한 자녀의 삶을 살아가시기를 주의 이름으로 축원합니다!" 하고 선포하는데, 이 뜻이 담겨 있습니다. 구원 받은 주의 백성으로서 거룩한 계명이 우리 삶에서 온전히 실천되기를 간절히 소망합니다. 아멘.

5. 하나님과의 교제

말씀 사용법, 이제 마지막 걸음이 남았는데요, 하나님과의 교제입니다. 주께서 우리에게 말씀을 주신 의도는 무엇인가? 하나님과 교제하는 통로입니다. 하나님은 늘 우리와 교제하기를 원하십니다. 그래서 말씀을 주셨습니다. 예배를 통해 교제하시고, 기도를 통해, 또 찬양을 통해 하나님과 교제하는데, 그 무엇보다 말씀을 통해 우리와 교제하기를 원하십니다.

말씀은 하나님의 편지입니다. 서신서만 편지가 아니고, 창세기부터 요한계시록까지 모든 성경이 하나 같이 우리에게 보내시는 하나님의 편지입니다. 편지를 읽는다는 것은 단지 글을 읽는 게 아닙니다. 보낸 사람의 마음을 읽고, 그 사람과 교제하는 시간입니다. 군대 시절 저는 늘 노란색 편지를 기다렸습니다. 당시 여자 친구가 늘 노란색 봉투에 편지를 보냈습니다. 조교가 편지 뭉치를 들고 오면, 저는 노란색만 찾았습니다. 노란색이 보이면 기분이 좋아요. 편지를 통해 여자 친구와 교제하는 겁니다. 긴장 안하셔도 됩니다. 그때 그 여자 친구와 지금까지 살고 있습니다.

그런 의미에서 성도 여러분, 성경 읽으실 때 하나님 앞에 서는 마음으로 읽으시기 바랍니다. 말씀을 읽는다는 것은 하나님의 면전으로 들어가는 것입니다. 단지 성경 지식을 채우는 시간이 아닙니다. 단지 신학 지식을 축적하는 시간이 아닙니다. 하나님과 만나는 시간입니다. 말씀을 통해 주님을 만납니다. 이미 많은 분들이 경험하고 계십니다. 말씀을 통해 주님의 위로를 체험하고, 말씀을 통해 때로 주님의 꾸짖음을 듣고, 말씀 속에 나를 사랑하시는 주님의 보호하심을 느낍니다. 바로 그 용도로 말씀을 주셨습니다.

설교도 그래요. 교회는 전통적으로 설교를 말씀의 범주에 포함시킵니다. 성경이 기록된 말씀이라면, 설교는 선포된 말씀입니다. 인간 설교자의 부족함 때문에 조심스럽기는 합니다만 성도 여러분, 설교 들으실 때 주의 말씀으로 받으시기 바랍니다. 설교를 통해 주께서 우리를 찾아오십니다. 설교를 시작하면서 늘 드리는 기도가 있습니다. "주께서 임재하셔서 친히 말씀하여 주옵소서." 설교는 그런 겁니다. 설교는 그래야 합니다. 설교를 위해 많이 기도해 주시기 바랍니다. 우리 교회의 설교가 주님과의 교제로 들어가는 신비한 통로가 되기를 주님의 이름으로 축원합니다. 아멘.

결론 - 말씀의 은혜가 충만하길

말씀 정리합니다. 오늘의 말씀은, 말씀 사용법입니다. 주께서 우리에게 말씀이라는 귀한 선물을 주셨습니다. 제대로 사용하기만 하면 세상 어디에서도 얻을 수 없는 깊은 행복과 유익을 누릴 것입니다. 말씀은 삶의 길잡이입니다. 말씀은 나 자신을 들여다보는 거울입니다. 허물만 보는 게 아니라고 했습니다. 말씀은 예수 십자가 안에서 나의 존귀함을 보는 거룩한 신분증입니다. 또한 말씀은 구원의 조건이 아니라, 구원 받은 우리를 향한 하나님의 기대와 응원입니다. 마지막으로 무엇보다 말씀은 하나님과 교제하는 통로입니다. 말씀의 은혜가 우리 성도들에게 충만하게 임하시기를 주님의 이름으로 축원합니다. 아멘.

<생각할 거리>

1. 어떤 물건이나 도구를 목적에 맞지 않게 잘못 사용한 경우가 있었나요? 그 결과는 어떠했습니까?

2. 오늘 설교가 소개한 말씀의 용도 세 가지는 무엇이었습니까? 최근 내가 경험한 말씀의 용도는 무엇이었습니까?

3. 계명을 대하는 나의 태도는 불안함인가요, 아니면 거룩한 부담감인가요? 계명을 주신 것이 '선 계명 후 구원'이 아니라 '선 구원 후 계명'이라는 사실이 나에게 다가오는 의미는 무엇입니까?

4. 나는 말씀으로 하나님과 교제를 나누고 있습니까? 말씀 안에서 하나님을 만난 경험, 혹은 말씀을 통해 하나님의 인도하심을 느낀 경험이 있다면 나누어 봅시다.

복음의 그릇(8)

투쟁과 탄식의 그릇 –
오호라 나는 곤고한 사람이로다

(롬 7:15-25)

<설교 구상>

"오호라, 나는 곤고한 사람이로다! 이 사망의 몸에서 누가 나를 건져내랴!" 바울의 탄식에 기초를 둔 설교다. 이 탄식은 바울의 신앙 이전일까, 이후일까? 학자들 사이에 논쟁이 있었다고 하지만, 분명히 신앙 이후다. 바울의 탄식은 불신의 탄식이 아니라 오히려 정결한 신앙의 탄식이다. 구원 받은 성도로서 바르게 살고 싶은데 그렇지 못할 때 탄식이 나온다. 아프지만 아름다운 탄식이다.

신앙의 증표를 묻고 답하는 흐름으로 설교를 구성하였다. 진실한 신앙의 증표는 무엇일까? 내적 투쟁, 아픈 탄식, 그리고 이유 없는 희망을 소개한다. 복음이 요구하는 의로움과 기존 내 안에 있는 죄성 사이의 내적 투쟁은 진실한 신앙의 첫 번째 증표다. 때로 그 투쟁에서 패할 때 올라오는 탄식은 더욱 아름다운 신앙의 증표다. 그렇지만 신앙의 신비가 있으니, 성도는 실패 중에도 희망을 품는다. 나는 실패해도 나를 승리로 이끄시는 주님을 알기 때문이다. 그래서 신앙의 마지막 증표는, 이유 없는 희망이다.

투쟁과 탄식의 그릇 – 오호라 나는 곤고한 사람이로다

(롬 7:15-25)

21 그러므로 내가 한 법을 깨달았노니 곧 선을 행하기 원하는 나에게 악이 함께 있는 것이로다 22 내 속사람으로는 하나님의 법을 즐거워하되 23 내 지체 속에서 한 다른 법이 내 마음의 법과 싸워 내 지체 속에 있는 죄의 법으로 나를 사로잡는 것을 보는도다 24 오호라 나는 곤고한 사람이로다 이 사망의 몸에서 누가 나를 건져내랴

서론 - 신앙이 깊어질 때

오늘의 말씀은, 신앙의 증표입니다. 신앙이 내 안에 들어올 때, 나타나는 증표가 무엇일까? 무언가 내 안으로 들어오면 표시가 납니다. 병균이 들어오면 열도 나고, 기침도 나고, 다양한

증상이 내 안에 무언가 안 좋은 것이 들어왔음을 알려줍니다. 좋은 것도 마찬가지, 흔히 사람이 숨기지 못하는 것이 두 가지가 있다고 합니다. 하나는 재채기이고, 다른 하나는? 사랑입니다. 사랑하면 티가 납니다.

부산에서 학생들 가르칠 때, 옆방에 자주 오는 조교가 있었는데, 어느 날 느낌이 좀 달랐습니다. 그래서 대뜸 "너 연애하지?" 그랬더니 그 친구가 화들짝 놀라요. "교수님, 어떻게 아셨어요?" 제가 어떻게 알았을까요? 그 친구 얼굴에 쓰여 있더라고요. 저 연애합니다.

신앙도 마찬가지, 들어오면 티가 납니다. 신앙 중에서도 진짜 신앙, 껍데기 말고 진짜 신앙이 내 안에 들어올 때면 그에 합당한 증표들이 나타납니다. 어떤 증표가 있을까? 이 시간 신앙의 증표들을 묵상하실 때, 우리 안에 아름다운 신앙의 증표들이 또렷하게 나타기를 소망합니다.

1. 내적 투쟁

우선 첫째, 내적인 투쟁입니다. 신앙이 들어올 때 투쟁심이 생깁니다. 투쟁이라는 말을 오해하시면 안 되는데, 괜히 길 가는 사람 붙잡고 시비를 건다는 말이 아닙니다. 여기서 말하는 투쟁은 죄를 향한 투쟁입니다. 내 안에 있는 죄성을 향한 내적인 투쟁입니다.

오늘 바울의 마음에 그 투쟁이 일어납니다. 15절을 같이 읽습니다. "내가 행하는 것을 내가 알지 못하노니 곧 내가 원하는 것은 행하지 아니하고 도리어 미워하는 것을 행함이라." 투쟁심이 보이나요? 투쟁이라는 이름이 좀 과해보일 수 있는데, 불편함이라고 부르면 적당할 겁니다. 마음이 불편한 거예요. '내가 이렇게 살면 안 되는데. 주님의 자녀로서 이렇게 살면 안 되는데.' 그 불편함, 그 투쟁입니다.

지금까지는 편하게 살아왔어요. 마음 가는 대로 하고 살아온 거예요. 그런데 어느 순간 마음에 없던 갈등이 일어나는 겁니다. '이렇게 살면 안 되는데. 내가 이렇게 살면 안 되는데.' 이 마음의 정체는 뭘까요? 신앙입니다. 신앙이 선물하는 거룩한 불편함입니다. 사랑하는 성도 여러분, 우리 안에도 그런 마음이 있기를 소망합니다.

신앙이 깊어지면 투쟁도 깊어집니다. 16절에 "만일 내가 원하지 아니하는 그것을 행하면 내가 이로써 율법이 선한 것을 시인하노니." 지금 내가 살아가는 모습은 내가 원하는 모습이 아니라는 겁니다. 나의 삶이 변했으면 좋겠는데, 그게 잘 안 되는 거예요. 급기야 17절에는 이런 고백까지 합니다. 같이 읽습니다. "이제는 그것을 행하는 자가 내가 아니요 내 속에 거하는 죄니라." 묘한 말이 나옵니다. 이제는 그것을 행하는 자가 내가 아니요, 누구라고요? 내 속에 거하는 죄니라.

잘못 읽으면 비겁한 변명처럼 들릴 수 있습니다. 재판정에서 이러면 정말 웃길 겁니다. 도둑질을 해놓고는 "판사님, 내가 훔친 게 아니고요, 내 속에 있는 죄가 훔친 겁니다. 내가 그런 게 아닙니다." 이러면 정말 황당하겠죠. 바울의 말은 그런 뜻이 아니고, 그저 마음이 불편한 겁니다. 지금까지는 편하게 살아왔는데, 복음이 들어오고는 어느 순간 지금 내 삶의 모습이 불편한 거예요. 심지어 이질감을 느낍니다. '이게 정말 나인가? 나 아닌 거 같은데.'

그래서 결론이 22절에 "내 속사람으로는 하나님의 법을 즐거워하되." 23절 같이 읽습니다. "내 지체 속에서 한 다른 법이 내 마음의 법과 싸워 내 지체 속에 있는 죄의 법으로 나를 사로잡는 것을 보는도다." "싸워"라는 단어에 주목해 주세요. 내 안에 싸움이 일어나는 겁니다. 복음이 생성하는 거룩한 마음과 여전히 내 안에 남아 있는 죄성 사이에 싸움이 일어나는 겁니다. 바울은 지금 그 싸움 중에 있습니다.

바울의 투쟁이 얼마나 치열한지, 이 대목에서 정신분열증을 떠올린 분도 있습니다. 바울의 상태가 일종의 정신병리학적 상황이 아닌가 의구심을 품는 거죠. 이중 인격 장애(Double

Personality Syndrome)를 언급하는 분들이 있습니다. 마치 지킬 박사와 하이드처럼 한 사람 속에 두 인격이 들어있다는 거죠. 과연 그럴까요? 그럴 수 없느니라. 전혀 그런 의미가 아닙니다. 그렇다면 이 혼란의 정체는 뭐냐? 신앙입니다. 신앙의 증표입니다. 신앙이 일으키는 내적인 불편함입니다. 바울은 지금 그런 상태에 있습니다.

사랑하는 성도 여러분, 우리 안에도 이런 갈등과 고뇌가 있기를 바랍니다. 편하지는 않지만, 우리에게도 이런 고뇌의 시간이 있기를 주님의 이름으로 축원합니다. 왜냐하면, 그게 신앙이기 때문입니다. 우리 안에 다 죄성이 있거든요. 예수 십자가의 은혜로 구원을 받았지만, 여전히 죄성이 남아있고 불쑥불쑥 올라올 때가 있습니다. 예전에는 그냥 살았어요. 사는 게 다 그런 거지, 셀라비 하면서 사는 거예요. 그런데 지금은 그럴 수가 없어요. 마음이 편치 않아요. 복음이 들어왔기 때문입니다. 성도다운 삶을 향한 거룩한 투쟁입니다.

구약 성경에는 전쟁 이야기가 많습니다. 출애굽도 그렇고, 기드온의 전투, 골리앗 앞에선 다윗도 그렇고, 구약을 읽다보면 삼국지인지 성경인지 헷갈릴 정도로 전쟁 이야기가 참 많이 나옵니다. 그래서 어떤 분은 구약의 하나님과 신약의 하나님은 서로 다른 분이 아닌지 의구심을 품기도 합니다. 신약은 사랑을 가르치는데, 구약은 맨날 전쟁이나 하고 있으니, 같은 하나님일 리가 없다는 거죠. 과연 그럴까요? 그럴 수 없느니라. 오해입니다. 구약의 하나님과 신약의 하나님은 동일한 우리 하나님입니다.

그렇다면 그 차이는 어디서 왔을까? 성경을 너무 피상적으로 읽었어요. 글자만 보고 메시지를 잡지 못했어요. 구약과 신약은 하나의 이야기입니다. 두 책의 저변에 흐르는 하나의 이야기가 있는데, 투쟁입니다. 죄를 향한 투쟁. 악을 향한 투쟁. 구약 시대는 주로 물리적인 죄를 향해 투쟁했습니다. 구약 당시는 악이라는 것이 대체로 국가별로 정해졌습니다. 이방 나라가 악의 온상이었습니다. 이방 문화가 극히 음란하고, 정치는 폭력적이고, 신앙적으로는 하나님을 배역하고 온갖 우상이 가득했습니다. 그래서 하나님은 투쟁을 명하셨습니다. 저 죄악의 온상 이방을 향해 싸워라!

그런데 신약에 와서 깨닫는 것이 있는데, 악이라는 것이 국경을 따라 흐르는 게 아니라는 겁니다. 죄라는 것이 이방 나라에만 국한된 게 아니고, 우리 안에도 죄가 있는 거예요. 주의 나라로 일컫던 이스라엘 안에도 악이 있고, 주의 백성으로 일컫는 우리의 마음에도 죄악이 있습니다. 멀리 남들 볼 거 없고 내 속을 보면 알 수가 있습니다. 우리 안에도 여전히 악이 도사리고 있습니다.

그래서 신앙이 들어올 때, 특히 진정한 신앙이 들어올 때면 갈등이 일어납니다. 구약 백성이 이방 나라를 향해 싸웠듯이, 이제는 내 안에 있는 죄악을 향해 투쟁! 사랑하는 성도 여러분, 때로 우리 안에도 이런 거룩한 싸움이 있기를 주님의 이름으로 축원합니다. 그게 신앙입니다. 아멘.

2. 아픈 탄식

한 걸음 나아가, 신앙의 증표가 또 무엇이 있을까? 두 번째는 탄식입니다. 그것도 깊은 탄식. 나를 향해 깊은 탄식이 나옵니다. 오늘 메시지가 전체적으로 좀 어둡습니다. 설교자 기분이 어두워서 그런 게 아니고, 오늘 묵상하는 신앙이 깊은 신앙이어서 그렇습니다. 신앙에도 깊이가 있잖아요. 얕은 신앙이 있는가 하면 깊은 신앙이 있는데, 오늘 우리가 묵상하는 신앙은 깊은 신앙입니다. 깊은 신앙에서 우러나오는 묵직한 신앙의 증표가 있는데, 탄식입니다.

24절 같이 읽습니다. "오호라 나는 곤고한 사람이로다. 이 사망의 몸에서 누가 나를 건져내랴." 탄식이 보이시죠? 오호라, 나는 안 되는 인간이구나. 나란 인생은 정말 안 되는 놈이로구나. 성도 여러분, 혹시 이런 탄식을 경험한 적이 있으신지요? 있기를 바랍니다. 그게 신앙입니다. 너무나 귀한 신앙의 증표입니다.

탄식이 신앙의 증표다? 얼핏 의아하게 보일 수 있어요. 신앙은 기쁨이지, 어떻게 탄식이냐? 일리 있는 말입니다. 실제로 신학자들 사이에 논쟁이 벌어졌는데, 오늘 본문이 바울이 신앙을 가지기 이전의 모습이냐, 아니면 신앙을 가진 이후의 모습이냐, 이걸로 논쟁이 벌어졌습니다. 로마서의 흐름을 보면 오늘 본문은 신앙 이후입니다. 앞장에서 복음이 선포되었으니 오늘 본문은 당연히 신앙 이후의 모습일 겁니다. 그런데 왜 어떤 분들은 이걸 신앙 이전으로 생각하고, 그래서 둘 사이에 논쟁이 벌어졌느냐? 이유인즉, 탄식 때문입니다. 신앙은 기쁨이고 승리인데, 왜 이런 탄식이 나올까? 여기서 혼란이 생긴 겁니다.

성도 여러분, 어느 쪽일까요? 오늘의 탄식은 신앙 이전일까요, 이후일까요? 답을 드리면, 이후입니다. 오호라, 나는 곤고한 사람이로다! 이 탄식은 불신의 탄식이 아니고 신앙의 탄식입니다. 그것도 깊은 신앙, 정말 아름다운 신앙에서 나오는 탄식입니다.

신앙이 우리에게 행복을 주고, 신앙이 기쁨의 원천이 되는 건 분명합니다. 그런데 신앙의 세계는 그렇게 단순하지가 않습니다. 신앙이 들어올 때 기쁨도 있지만, 신앙이 주는 좌절도 있습니다. 왜냐하면 나의 죄성과 마주하기 때문입니다. 나의 부족함을 대면하기 때문입니다. 거기서 탄식이 나옵니다. 주의 자녀이면서 자녀답게 살지 못하는 나의 못남을 직면할 때, 거기서 아픈 탄식이 나옵니다. 지금 바울이 그 탄식을 하고 있습니다.

오늘 바울의 탄식은 일차적으로 패배의 탄식이라고 할 수 있습니다. 신앙은 투쟁이라고 했는데, 바울이 승리하지 못하고 패한 거예요. 열심히 싸웠지만, 내 안에 있는 죄성에게 밀려서 패배한 겁니다. 그래서 탄식하기를, "오호라, 나는 곤고한 사람이로다." 그런 의미에서 이 탄식은 어둔 탄식이라고 할 수 있습니다. 그러나 그럼에도 이 탄식이 너무나 아름다운 것은, 이것이 투쟁의 열매이기 때문입니다. 패배 이전에 투쟁의 열매입니다. 투쟁이 없으면 패배도 없고, 패배가 없으면 탄식도 없습니다. 오늘 바울의 마음에 왜 탄식이 터져 나오느냐? 싸웠기 때문입니다. 내 안에 있는 죄성을 용인하지 않고 싸웠기 때문에, 거기서 탄식이 오는 겁니다.

우리 시대 신앙의 문제가, 탄식이 없어요. 가슴을 치는 탄식이 없어요. 심지어 탄식을 터부시하는 경우도 있습니다. 탄식은 반신앙적 언어라고 생각하는 경향이 있습니다. "탄식은 신앙이 아니야. 신앙은 해피한 거고, 신앙은 발랄한 거지, 신앙은 인상 찌푸리고 탄식하고, 그런 거 아니야." 맞는 말일까요? 말은 그럴싸해도 너무 피상적이고 너무 가벼운 신앙입니다. 물론 신앙에 기쁨이 있고 행복이 있습니다. 그러나 또한 신앙은 죄와의 투쟁이고, 그래서 때로 신앙은 탄식입니다. 오호라 나는 곤고한 사람이로다!

구약 시편에 보면 탄식의 노래가 많습니다. 깊은 탄식을 노래 하는 시들이 많이 나옵니다. 눈물로 침상을 띄운다는 표현도 나옵니다. 그만큼 성경이 탄식을 사랑한다는 의미입니다. 그런데 이상하게도, 우리 시대 신앙의 언어에는 탄식이 잘 없어요. 탄식이 어색한 시대요, 탄식이 홀대 받는 시대입니다. 왜냐? 승리해서 그럴까요? 믿음의 싸움에서 늘 승리해서 탄식이 없는 걸까요? 아닙니다. 탄식이 없는 이유는, 투쟁이 없기 때문입니다. 투쟁이 없어요. 내가 이렇게 살아서는 안 되는데, 정말 주의 자녀로 살아보겠다는 투쟁이 없어요. 투쟁이 없으면 탄식도 없습니다.

사랑하는 성도 여러분, 때로 싸우는 성도들이 되시기 바랍니다. 싸워야 할 싸움이라면 싸우시기 바랍니다. 좋은 게 좋다는 식으로 물러서는 거 좋지 않아요. 싸워야 할 싸움이라면 싸울 줄 알아야, 그게 진정한 믿음입니다. 그래서 승리하면 하나님께 감사하고, 연약하여 패배했을 때는 진심으로 탄식하는 것, 그게 신앙입니다. 많은 믿음의 선배들이 걸어간 길이고, 특히 예수님 이후 최고의 신앙인으로 꼽히는 사도 바울이 걸어간 신앙의 길입니다.

바라기는 우리의 삶에도 탄식의 언어가 회복되기를 소망합니다. 우리의 신앙은 승리의 기쁨도 있지만, 탄식의 아픔도 있는 신앙이기를 바랍니다. 그때 비로소 우리도 진정한 의미에서 신앙의 자리에 들어섰다고 할 수 있을 것입니다. 아멘.

3. 이유 없는 희망

마지막으로 신앙의 증표가 또 무엇이 있을까? 조금 독특할 수 있는데요, 이유 없는 희망입니다. 지금까지 조금 어두운 신앙의 증표들을 묵상했습니다. 내적인 투쟁, 그리고 깊은 탄식. 그런데 여기에 더하여 깊은 신앙의 빠질 수 없는 또 하나의 아름다운 증상이 있는데, 이유 없는 희망입니다. 혹은 뜬금없는 용기.

25절입니다. "우리 주 예수 그리스도로 말미암아 하나님께 감사하리로다." 오늘 본문의 결론인데, 좀 뜬금이 없지 않나요? 실패하고, 좌절하고, 급기야 "오호라, 나는 안 되는 인간이구나." 이렇게 주저앉고 있는 상황인데, 갑자기 혹은 난데없이 "하나님께 감사하리로다." 감사가 나옵니다. 맥락이 이상하잖아요. 어떻게 된 일일까요?

일단 이거부터 말씀드릴게요. 성도 여러분, 이게 신앙입니다. 신앙이 주는 신비한 선물이 있는데, 어디서건 뜬금없이 나타나는 감사가 있습니다. 어디서건 난데없이 튀어 오르는 희망이 있습니다. 한창 좌절하고 있는데, 갑자기 솟아나는 이유 없는 희망. 모르는 사람이 잘 못 보면 조울증으로 보일 수도 있어요. 신앙에 그런 면이 있습니다. 혹시 그런 경험이 있으신지요? 탄식의 한 가운데서 뜬금없이 희망을 경험한 적이 있으신지요? 그러기를 바랍니다. 그게 신앙입니다.

이유가 뭘까요? 이 뜬금없는 감사와 이 맥락 없는 희망의 출처는 무엇일까요? 답을 드리면, 주님 앞에서! 입니다. 누구 앞에서? 주님 앞에서. 뜬금없는 희망에 뜬금이 있다면, 그건 바로 주님 앞에서! 맥락 없는 감사에도 맥락이 있다면, 그건 다름 아닌 주님 앞에서! 여기에 비밀이 있습니다. 주님 앞에서! 모든 슬픔을 기쁨으로 바꾸시는 주님 앞에서! 모든 절망을 희망으로 바꾸시는 주님 앞에서! 심지어 죽음조차 생명으로 바꾸시는 그 이름도 아름다운 예수 그리스도, 우리 주님 앞에서! 주님 앞에 서 있는 성도는 어둠에서도 웃을 수 있고, 그분의 숨결을 느끼는 성도들은 절망 중에도 소망을 품을 수 있습니다.

신앙이 뭐냐? 신앙은 눈물 끝 웃음 시작? 그거 아닙니다. 슬픔 끝 기쁨 시작? 정말 그러면 좋겠는데, 경험으로 아시지만 꼭 그렇지만은 않아요. 신앙에도 눈물이 있고, 때로 신앙의 길에도 슬픔이 있습니다. 이 땅을 사는 이상 눈물도 있고, 아픔도 있고, 그런 것들을 피할 수는 없어요. 그렇다면 신앙이 뭐냐? 신앙이 주는 차이가 뭐냐? 예전에는 혼자 눈물을 흘렸다면, 이제는 누구 앞에서? 주님 앞에서. 예전에는 혼자 슬퍼하고, 혼자 탄식했다면, 이제는 누구와 함께? 주님과 함께! 신앙은 그런 겁니다. 주님 앞에서. 주님 앞에서 눈물이 뜬금없이 기쁨이 되고, 주님 앞에서 절망이 맥락 없이 희망이 되고, 이것이 신앙의 신비입니다. 이 신앙의 신비가 우리 안에 임하기를 주님의 이름으로 축복합니다.

상황 자체는 변한 게 없어도, 문제는 그대로 있어도, 문득 주님이 나와 함께 하신다는 사실이 떠오르면서 힘이 나는 겁니다. 문득 주님이 나의 목자가 되시고, 그분이 나와 동행함이 떠오르면서 예기치 못한 힘이 솟는 것, 그것이 신앙이고, 그것이 신앙의 신비입니다. 우리 그 길을 걸어갈 수 있기를 소망합니다. 이 길을 걸어가는 자에게 주께서 주시는 약속이 있습니다. 28절을 미리 당겨서 같이 읽습니다. "우리가 알거니와 하나님을 사랑하는 자 곧 그의 뜻대로 부르심을 입은 자들에게는 모든 것이 합력하여 선을 이루느니라." 아멘.

결론 - 증표를 품은 신앙인

말씀 정리합니다. 오늘의 말씀은, 신앙의 증표입니다. 초두에 말씀드렸지만, 오늘 묵상한 신앙은 얕은 신앙이 아니고, 깊은 신앙입니다. 가볍게 한 발 담근 신앙이 아니고, 무릎과 허리, 어쩌면 온 몸을 신앙의 바다에 담근 귀한 신앙입니다. 그때 나타나는 증표가 있는데, 내적인 투쟁입니다. 현재의 삶에 대한 불편함이 생기는 겁니다. 성도로서 더 거룩한 삶을 향한 투쟁입니다. 그러다가 탄식도 경험해요. 잘 안 될 때도 있으니까. 그렇지만, 주님 앞에서! 뜬금없는 용기와 맥락 없는 희망으로 다시금 일어서는 그리스도인. 아름다운 신앙의 증표를 품은 진정한 신앙인의 삶을 살아가시는 복된 인생 되시기를 주님의 이름으로 축원합니다. 아멘.

<생각할 거리>

1. 오늘 설교가 소개한 신앙의 증표 세 가지는 무엇입니까? 이 말씀이 나에게 주신 깨달음이나 은혜가 있다면 나누어 봅시다. 나에겐 낯선 증표, 미처 예상치 못한 증표가 있었다면 무엇입니까?

2. 예수님을 믿고 난 후 내 안에 있었던 내적 투쟁(거룩한 마음과 죄성 사이의)이 있었다면 무엇입니까?

3. 신앙생활 중에 깊은 탄식을 경험한 일이 있습니까? 어떤 이유에서 나온 탄식일까요? 혹 아무런 탄식이 없다면 그 이유는 무엇일까요?

4. 내가 처한 상황이나 환경과 상관없이 문득 솟아나는 기쁨과 희망을 경험해 보셨나요? 혹 그렇게 살아가는 사람을 본 적이 있습니까?

5. 내 안에도 나타나기를 소망하는 증표는 무엇입니까?

자아상의 그릇 - 나는 누구인가?

(롬 8:1-11)

<**설교 구상**>

　서술 문장들을 이름으로 바꾼 설교다. "그러므로 이제 그리스도 예수 안에 있는 자에게는 결코 정죄함이 없나니." 이 구절에서 "예수 안에 있는 자" 부분을 떼어내어 성도들의 왼편 가슴에 이름표로 달아주는 설교다. 이름 하여, 성도의 자아상이다.

　자아상은 힘이 있다. 자아상이 왜곡되면 삶도 왜곡되고, 자아상이 바로 잡힐 때 그 삶도 바로 잡힌다. 출애굽 백성이 가나안을 목전에 두고 '메뚜기 자아상'에 빠졌을 때 그들의 걸음마저 좌초되고 말았다. 본문을 통해 두 가지 소중한 성도의 자아상을 확보한다. 예수 안에 있는 사람, 그리고 성령이 임재한 사람이다. 하나 더, 하나님의 자녀라는 자아상도 있는데, 분량 상 다음 설교에서 선포하기로 한다.

자아상의 그릇 – 나는 누구인가?

(롬 8:1-11)

1 그러므로 이제 그리스도 예수 안에 있는 자에게는 결코 정죄함이 없나니 2 이는 그리스도 예수 안에 있는 생명의 성령의 법이 죄와 사망의 법에서 너를 해방하였음이라… 9 만일 너희 속에 하나님의 영이 거하시면 너희가 육신에 있지 아니하고 영에 있나니 누구든지 그리스도의 영이 없으면 그리스도의 사람이 아니라 10 또 그리스도께서 너희 안에 계시면 몸은 죄로 말미암아 죽은 것이나 영은 의로 말미암아 살아 있는 것이니라

서론 - 나는 누구인가?

오늘의 말씀은 성도의 자아상입니다. 나는 누구인가? 이걸

자아상이라고 하죠. 자아상이 우리 삶에 차지하는 자리는 생각보다 묵직합니다. 자아상은 단지 지식이 아닙니다. 우리의 삶을 이끌고 가는 길잡이와 심지어 의미 있는 동력이 됩니다. 자아상이 건강하면 삶도 건강해지고, 자아상이 밝으면 삶도 밝아집니다. 거꾸로 자아상이 어두우면 삶도 덩달아 어두워집니다.

구약 성경에 유명한 자아상 사건이 있습니다. 일명 메뚜기 자아상. 이스라엘 백성이 출애굽해서 가나안 땅 목전에 도착했습니다. 이제 요단강만 건너면 꿈에도 그리던 약속의 땅을 차지하는 순간입니다. 그런데 안타깝게도 그만 걸음을 돌립니다. 광야로 돌아가서 아득한 40년 방황이 시작됩니다. 너무나 아쉬운 순간인데, 왜 그랬을까요? 왜 전진하지 못하고, 발길을 돌렸을까? 자아상 때문입니다. 왜곡된 자아상이 이스라엘의 걸음을 후퇴하게 만들었습니다.

민수기 13장 33절에 "우리는 스스로 보기에도 메뚜기 같으니 그들이 보기에도 그와 같았을 것이니라." 가나안 땅에 들어가기 전 정탐꾼을 보내 땅을 탐지하게 하는데 돌아와서 보고하기를, 가나안 족속은 너무 강합니다. 심지어 거인도 있습니다. 그에 비해 우리는 무엇과 같더라? 메뚜기와 같더라. 메뚜기 자아상이 백성의 마음에 들어왔고, 그것이 백성의 걸음을 흩어 놓습니다.

물론 이스라엘 백성은 메뚜기가 아닙니다. 그들은 위대한 하나님의 백성입니다. 그런데 자아상이 메뚜기가 되니까, 그들의 걸음이 메뚜기가 되고 말았습니다. 왜곡된 자아상과 함께 있던 힘도 빠지고, 용기도 무너지고, 비에 젖은 메뚜기마냥 광야로 돌아갑니다. 왜곡된 자아상이 삶의 패배를 초래한 전형적인 사건입니다. 자아상은 단지 지식이 아니고, 삶을 이끌고 가는 길잡이와 심지어 동력이 됩니다.

오늘 복음의 책 로마서가 우리에게 성도의 자아상을 소개합니다. 성도가 누구냐? 성경이 우리에게 우리의 정체를 소개합니다. 결론부터 말씀드리면, 우리는 너무나 귀한 존재들입니다. 성도의 자아상을 묵상하실 때, 이전보다 더 귀한 자아상을 품고 이전보다 더 귀한 삶을 살아가시는 복된 성도들 되시기를 주님의 이름으로 축원합니다.

1. 예수 안에 있는 사람

성도의 자아상 첫째, 우리는 예수 안에 있는 사람입니다. 8절을 같이 읽습니다. "그러므로 이제 그리스도 예수 안에 있는 자에게는 결코 정죄함이 없나니." 첫머리에 "그리스도 예수 안에 있는 자." 보이시죠? 일종의 주소(address) 언어인데, 우리가 사는 동네가 어디냐? 예수라는 겁니다. 나라는 존재가 머무는 터전이 어디냐? 우리는 대한민국에 살고 서울에 살지만, 우리는 예수 안에 있는 사람입니다. 성경이 일러주는 우리의 자아상이고, 우리의 이름입니다. 주민등록의 이름도 중요하지만 이 이름도 꼭 기억하시기 바랍니다. 우리는 예수 안에 있는 사람입니다. 그 이름이 우리를 더욱 아름답고 존귀한 삶으로 이끌어줄 것입니다.

살면서 나를 소개해야 할 순간이 있습니다. 모르는 사람들 앞에서 "저는 이런 사람입니다." 그럴 때 여러분은 자신을 어떻게 소개하시는지요? 아이들은 대체로 학교 이름을 댑니다. "저는 무슨 초등학교 몇 학년 누구입니다." 어른들은 직장을 대기도 하고, 혹은 남편 이름을 대면서 누구 아내입니다, 혹은 아내 이름을 대면서 누구 남편이라고 소개하기도 합니다.

이유가 뭘까요? 나를 소개하는데, 내 이름만 대면 그만이지, 왜 학교 이름을 대고, 직장을 대고, 가족 이름을 대는 걸까요? 그것들이 내 삶에 중요한 요소들이기 때문입니다. 나라는 존재를 구성하는 데 있어 매우 중요한 요소이기 때문입니다. 요소라는 단어는 약한 느낌도 듭니다. 나라는 존재의 거점이요, 내가 머물고 있는 내 존재의 터전이기 때문입니다. 아이들에게 학교가 그런 의미이고, 가정이 우리에게 그런 의미입니다.

저는 어디서든 저를 소개할 때 교회 이름을 댑니다. 목사로서 당연히 제 삶에 교회가 차지하는 자리가 크고 근본적이기 때문입니다. 그런데 로마서는 우리를 소개하면서, 예수님의 이름을 거명합니다. 이유가 뭘까요? 예수님이 우리에게 그런 분이기 때문입니다. 우리는 예수 안에 있는 사람, 예수의 사람입니다. 그분이 우리 존재의 거점이요, 그분이 우리 인생에 거대한 터전을 이루기 때문입니다. 나는 예수 안에 있는 사람이다. 믿음으로 받으실 분은 이 이름을 나의 이름으로 받으시기 바랍니다. 최고의 이름이 될 겁니다.

저의 삶을 샘전 샘후로 나눌 수 있을까요? 샘물전 샘물후? 가능하다고 생각해요. 샘물이 저에게 온 후 저에게 많은 변화가 일어났습니다. 역할도 변했고, 삶의 무게도 변했고, 행복한 변화가 많이 일어났어요. 그런 의미에서 샘전 샘후는 저한테 결코 무리한 표현이 아닙니다. 바라기는, 여러분에게도 샘물이 그런 의미이면 좋겠어요. 샘전 샘후. 아니면 채전 채후. 이건 너무 나갔죠. 여하튼 서로에게 복된 만남이기를 바랍니다.

그런데 성경이 말하길, 샘전 샘후도 좋지만, 진짜 우리 삶에 구분이 있다면 예전 예후. 예수전 예수후. 샘물도 우리 삶에 변화를 가져오지만, 비교할 수 없이 거대한 변화를 가져온 이름이 있으니, 예수 그리스도. 우리 인생에 비교할 수 없이 행복한 변화를 몰고 온 이름이 있으니, 예수 그리스도. 그래서 로마서는 우리의 자아상에 이 이름을 거명합니다.

어떤 변화를 몰고 왔느냐? 사망에서 생명으로의 변화입니다. 엄청난 변화잖아요. 사실 이거만 해도 설교 한 편인데, 이미 로마서를 통해 많이 묵상했기에 오늘은 이름만 묵상합니다. 사망에서 생명으로. 여덟 글자 간략한 문구지만 무게감은 우리 인생의 무게요, 심지어 우주의 무게를 담고 있습니다. 1절에 "그러므로 이제 그리스도 예수 안에 있는 자에게는 결코 정죄함이 없나니." 2절은 같이 읽습니다. "이는 그리스도 예수 안에 있는 생명의 성령의 법이 죄와 사망의 법에서 너를 해방하였음이라."

원래 우리의 이름은 성도가 아니었습니다. 우리는 죄인이었습니다. 모든 인생의 이름입니다. 죄 때문에 비천하고, 죽음 때문에 허망한 인생. 성경이 바라본 우리 인생의 적나라한 모습입니다. 그런데 비천한 우리 인생에 일대 변혁을 몰고 온 이름이 있으니, 그 이름도 아름다운 예수 그리스도입니다. 나를 위해 십자가에 못 박혀 죽어주신, 그 이름도 아름다운 예수 그리스도. 나는 예수 안에 있는 사람이다! 이 이름이 저와 여러분의 영원한 이름이기를 바랍니다. 그 이름이 우리를 죄와 사망의 법에서 해방하여 영원한 생명의 삶으로 인도해 줄 것입니다. 아멘.

2. 성령이 임재한 사람

성도의 자아상 두 번째는 성령입니다. 우리는 성령님이 임재한 사람입니다. 9절 함께 읽습니다. "만일 너희 속에 하나님의 영이 거하시면 너희가 육신에 있지 아니하고 영에 있나니 누구든지 그리스도의 영이 없으면 그리스도의 사람이 아니라." 초두에 "만일 너희 속에 하나님의 영이 거하시면." 잘 읽으셔야 하는데, 문법적으로는 조건문이지만 의미상으로는 선포입니다. 너희 자신이 누군지 아느냐? 너희는 성령이 임재한 사람이니라! 그 말입니다.

사랑하는 성도 여러분, 여러분 안에 성령님이 거하십니다. 믿으십니까? 아멘. 우리를 소개할 때 예수 이름이 빠지면 안 된다고 했는데, 성령님도 그래요. 이분의 이름 없이는 우리에 대한 온전한 소개가 아닙니다. 우리는 성령이 임재하는 사람입니다.

그런데 성령님은 자주 소외되는 이름입니다. 예수님의 이름은 늘 중심에서 회자되지만, 성령님은 상대적으로 호명되는 빈도가 낮아요. 우리만 해도 예수 믿는 사람이라고 부르지, 성령 믿는 사람이라고 하지는 않습니다. 이유가 뭘까요? 왜 성령님의 이름이 지목되는 빈도가 낮을까? 우리의 소홀함도 있겠지만, 사실은 성령님의 성품 자체가 그렇습니다. 자신을 드러내기를 조심스러워하십니다.

어떤 신학자는 성령님을 수줍어하시는 하나님이라고 소개합니다. 우리 중에 수줍음 많은 분들 계시죠? 앞에 나서기를 부담스러워 하시는 분들. 성령님을 닮아서 그래요. 성령님은 자신보다 예수 이름을 높이기를 좋아하십니다. 성경을 보면, 성령이 임한 곳에는 늘 예수님의 이름이 높아집니다. 성령님은 그런 분입니다.

그런데 이 시간만큼은 우리의 시선을 성령님께 모으려 합니다. 삼위일체의 신비 속에서 성령님은 동일한 하나님이십니다. 예수님이 우리에게 소중한 분이듯 성령님도 우리에게 너무나 귀한 분이십니다. 그런 의미에서 마음 모아 선포합니다. 사랑하는 성도 여러분, 우리 안에 성령님이 거하십니다. 우리는 성령님이 임재한 성령의 사람입니다. 아멘.

나의 거룩함 - 나는 거룩하다!

그런데 이 이름이 나에게 가지는 의미는 뭘까요? 내 안에 성령님이 거하신다는 것이 우리에게 의미하는 바가 무엇일까? 이걸 잘 챙겨야 합니다. 예수 이름이 주는 행복도 크지만, 성령님이 주는 행복도 너무나 귀합니다. 두 가지를 묵상하려 합니다.

먼저, 나의 거룩함입니다. 성령님의 임재에 그런 의미가 담겨 있습니다. 나는 거룩하다! 성령님의 임재는 내가 거룩하다는 하나님의 피켓입니다! 하나님이 피켓 들고 큰 소리로 외치시는 거예요. 이 사람은 거룩하다! 성령님은 아무데나 거하시지 않으십니다. 지극히 거룩하고 정결하신 분이기 때문에, 더러운 곳은 피하시고 오직 거룩한 곳에 임하십니다. 그런데 그분이 어디에 거하신다고요? 우리 안에 거하십니다. 무슨 의미겠어요? 우리가 거룩하다는 겁니다. 마음으로 한 번 외쳐볼까요? 나는 거룩하다!

속으로 '나는 아닌데' 하는 분도 있겠죠. '내가 거룩하다고? 나는 거룩하고는 거리가 먼데.' 정직한 사람이면 그렇게 느낄 겁니다. 그런데 늘 드리는 말씀이지만, 성도 여러분, 느낌을 믿지 말고 성경을 믿으세요. 내 눈을 믿지 말고 성령님의 눈을 믿으시고, 내 판단보다 그분의 판단을 신뢰하세요. 비록 우리 눈에는 우리 자신이 누추하고 볼품없는 존재로 보여도, 성령님의 눈에 우리는 거룩한 사람입니다. 우리는 예수 그리스도의 십자가 보혈로 정결하게 씻음 받은 거룩한 사람입니다. 그래서 성령님이 우리 안에 거하십니다.

그런 의미에서 제가 오늘은 여러분을 조금 다른 이름으로 부르고 싶습니다. 늘 "사랑하는 성도 여러분" 이렇게 호칭하는데 오늘은 "거룩한 성도 여러분!" 이렇게 불러도 될까요? 예, 가능합니다. 왜냐? 사실이니까. 느낌을 믿지 말고 성령님을 믿으세요. 우리는 거룩한 존재입니다. 거룩한 성도 여러분! 괜찮은 거 같네요. 가끔 불러 드리겠습니다. 한 번 더 거룩한 성도 여러분, 이름에 맞게 거룩한 삶을 살아가시기를 주님의 이름으로 축원합니다. 아멘.

사람이 이름대로 살아야죠. 토끼는 토끼처럼, 강아지는 강아지처럼, 생긴 대로 살고 신분대로 살아야 합니다. 우리는 어떻게 살아야 할까요? 거룩하게 살아야 합니다. 예수 십자가 바깥에 있는 사람들은 사실 대충 살아도 돼요. 그러나 우리는 거룩하게 살 필요가 있어요. 먹는 것도 깨끗한 걸로, 물도 정수기 물 마시고. 우리는 거룩하니까. 무엇보다 우리의 몸을 함부로 사용하면 안 됩니다. 자유롭시고 몸을 함부로 사용하면 안 돼요. 그렇게 살기엔 우린 너무 거룩합니다. 거룩한 성도 여러분, 이름 그대로 거룩한 삶을 살아가시기를 주님의 이름으로 축원합니다. 아멘.

나의 능력 - 나도 변화될 수 있다!

성령이 임재한 사람, 이 자아상에 담긴 의미가 또 뭐냐? 거룩과 더불어 능력의 의미가 있습니다. 성령의 임재가 "나는 거룩하다"는 하나님의 피켓이라고 했는데, 피켓이 하나 더 있습니다. "나도 할 수 있다!" 성령님이 우리 안에 거하신다는 것은, 우리가 강하다는 의미를 동반합니다. 왜냐하면 성령님은 거룩한 분이기도 하지만, 성령님은 능력의 주님이시기 때문입니다.

태초에 하나님이 천지를 창조하실 때 성령님의 능력이 함께했습니다. 성령님은 창조의 영이십니다. 예수님의 부활도 성령님의 능력으로 이루어졌고, 사도들이 행한 능력도 사실은 성령님의 능력이었습니다. "내게 능력 주시는 자 안에서 내가 모든 것을 할 수 있느니라."(빌 4:13) 자주 오해받는 구절이지만, 성령의 사람이 품어야 할 자신감을 잘 소개하는 말씀입니다. 우리는 약하지 않아요. 우리는 강합니다. 우리는 할 수 있습니다. 성령님이 우리 안에 계시기 때문입니다.

성령님은 변화의 영이십니다. 실패한 사람을 변화시키는 영이십니다. 실패한 베드로를 변화시키셨고, 어그러진 길로 가던 바울을 변화시키셨습니다. 베드로가 정말 비겁했잖아요. 나는 예수를 모르오! 자기 살려고 비겁하게 거짓말을 한 사람입니다. 그런데 그랬던 그가 불과 며칠 사이에 죽음을 두려워하지 않는 귀한 믿음의 사람으로 변화됩니다. 어찌된 일일까요? 그 안에 성령님이 오셨기 때문입니다. 성령님이 베드로 안에 거하시고 그를 변화시키셨습니다. 성령님은 변화의 영이십니다. 사람을 변화시키십니다.

그 성령님이 지금 누구 안에? 우리 안에 거하십니다. 무슨 의미일까요? 나도 할 수 있다! 나도 변화될 수 있다! 성령의 사람은 희망의 사람이 됩니다. 성령의 사람은 자신을 포기하지 않습니다. 난 안 돼? 이건 성령의 사람이 할 말이 아닙니다. 대신, 나는 할 수 있다. 나는 변화될 수 있다. 성령님을 향해 우리의 마음을 활짝 열 때 도무지 변하지 않을 것 같은 우리의 삶도 아름답게 변화될 것입니다.

그리고 저 사람도 마찬가지, 나도 할 수 있지만 저 사람도 할 수 있습니다. 왜냐하면, 저 사람 안에도 성령님이 거하시기 때문입니다. 살다보면 사람에 대해 포기하고 싶은 생각이 들 때가 많습니다. 나 자신을 향해서도 그렇고, 다른 사람을 향해서도 그래요. 포기하는 게 낫겠다 싶을 때가 있어요. 그런데 성도 여러분, 옳은 생각이 아닙니다. 바람직한 생각이 아닙니다. 왜냐하면 사람은 변화될 수 있기 때문입니다.

사람은 변하지 않아. 세상이 그렇게 말해도 우리는 그 생각을 물리쳐야 합니다. 특히 그가 믿는 사람이라면, 그가 신앙을 가진 사람이라면, 도무지 안 변할 거 같아도 기필코 변할 수 있습니다. 왜냐하면 성령님이 그 안에 거하시기 때문입니다. 성령님은 변화의 영이십니다. 아무리 안 변할 거 같은 사람도 성령님이 하시면 변화될 수 있습니다. 아멘.

말을 하면서도 마음 한 켠이 불편해요. 사람은 안 변한다는 걸 많이 경험하다 보니까 그런 거 같아요. 그렇지만 목사가 느낌 보고 목회하면 안 되잖아요. 느낌을 믿지 말고 성경을 믿어야죠. 11절 같이 읽습니다. "예수를 죽은 자 가운데서 살리신 이의 영이 너희 안에 거하시면 그리스도 예수를 죽은 자 가운데서 살리신 이가 너희 안에 거하시는 그의 영으로 말미암아 너희 죽을 몸도 살리시리라." 죽은 자도 살리시는 성령님이 너희를 변화시키지 못하겠느냐, 이 말입니다. 나도 그렇고, 저 사람도 그렇고, 우리는 변화될 수 있습니다. 왜냐하면 우리 안에 변화의 영이신 성령님이 계시기 때문입니다. 아멘.

결론 - 성도의 자아상에서 성도의 삶으로

오늘은 여기까지, 오늘 주님께서 우리에게 주신 말씀은 성도의 자아상입니다. 자아상은 단지 지식이 아니라 삶을 이끌고 가는 길잡이라고 했습니다. 힘이 있습니다. 변화의 능력이 있습니다. 잘 챙기실 때 승리하는 삶을 살아가는 발판이 됩니다.

우리는 예수 안에 있는 예수의 사람이요, 우리는 성령이 함께 하시는 성령의 사람입니다. 우리는 누구보다 존귀한 사람이고, 우리는 누구보다 거룩한 삶을 살 자격과 힘이 있는 사람입니다. 예수의 사람, 거룩한 성령이 임재한 사람. 귀한 자아상을 품고 이름에 걸맞은 귀한 삶을 살아가시는 주의 백성들 되시기를 주님의 이름으로 축원합니다. 아멘.

<생각할 거리>

1. 사람들에게 나를 소개할 때 어떻게 소개하나요? 그렇게 소개하는 이유가 무엇인가요?

2. 예수님을 믿기 전과 이후 나의 자아상에 어떤 변화가 있었습니까?

3. 성도의 자아상 두 가지(예수 안에 있는 사람, 성령이 임재한 사람)를 듣고 깨달은 것이나 받은 은혜가 있다면 무엇입니까?

4. 성령님의 임재를 통해 변화되기를 바라는 나의 모습은 무엇인가요?

5. 내가 정말 변화될 수 있을까요? 저 사람도 정말 변화될 수 있을까요?

복음의 그릇(10)

자녀됨의 그릇 -
나는 하나님의 자녀입니다

(롬 8:12-18)

<설교 구상>

　성도의 세 번째 자아상을 묵상하는 설교다. 바로 앞 본문에서 예수 안에 있는 사람, 성령이 임재한 사람을 묵상했는데, 오늘은 하나님의 자녀다. 16절에 "성령이 친히 우리의 영과 더불어 우리가 하나님의 자녀인 것을 증언하시나니." 오늘은 이 한 구절을 성도들의 가슴에 새기면 된다. 우리는 하나님의 자녀다!

　인간의 안타까움 중에 하나가 망각이다. 귀한 것을 자꾸 잊어버린다. 설령 기억해도 익숙함이 주는 무뎌짐 때문에 그 이름에 담긴 영광과 행복을 놓치는 경우가 많다. 설교를 통해 하나님의 자녀라는 이름에 담긴 영광을 회복시켜줄 필요가 있다. 대지 구성을 요약하면, 첫째 세상에서 가장 존귀한 이름, 둘째 자주 반복하고 되새겨야 할 이름, 마지막으로 우리에게 아름다운 미래를 보장하는 이름으로 결정하였다.

자녀됨의 그릇 - 나는 하나님의 자녀입니다

(롬 8:12-18)

14 무릇 하나님의 영으로 인도함을 받는 사람은 곧 하나님의 아들이라 15 너희는 다시 무서워하는 종의 영을 받지 아니하고 양자의 영을 받았으므로 우리가 아빠 아버지라고 부르짖느니라 16 성령이 친히 우리의 영과 더불어 우리가 하나님의 자녀인 것을 증언하시나니

서론 - 하나님의 자녀

오늘의 말씀은 하나님의 자녀입니다. 지난주에 성도의 자아상을 묵상했는데, 다 전하지를 못했습니다. 한 편의 설교에 담아내기엔 주님이 우리에게 주신 귀한 이름들이 너무 많습니다. 지난주에 두 가지를 묵상했는데, 기억이 나시는지요? 먼저, 우리

는 예수 안에 있는 사람입니다. 예수님 안에 있기에 우리는 사망에서 생명으로 옮겨온 자입니다. 두 번째, 우리는 성령이 임재한 사람이라고 했습니다. 성령님이 우리 안에 임재하기에 우리는 거룩한 사람이요, 또 성령님이 계시기에 나도 변화될 수 있다는 희망을 품을 수 있는 존재라고 했습니다. 주께서 주신 귀한 이름들을 마음 깊이 새기고 살아갈 수 있기를 바랍니다.

이어서 오늘은 세 번째 자아상이 선포되는데, 하나님의 자녀입니다. 14절 같이 읽습니다. "무릇 하나님의 영으로 인도함을 받는 사람은 곧 하나님의 아들이라." 우리의 이름이 보이시나요? 하나님의 아들, 혹은 하나님의 자녀입니다. 눈치가 빠른 분들은 우리의 자아상에 모종의 패턴이 있음을 느끼실 텐데요, 삼위일체입니다. 예수 안에 있는 사람은 성자 하나님과의 관계입니다. 성령이 임재한 사람은 성령 하나님과의 관계, 그리고 오늘 하나님의 자녀는 성부 하나님과의 관계입니다. 성부, 성자, 성령, 삼위 하나님이 각각 우리에게 이름을 선물하시고, 그것이 우리의 자아상이 되는 구조입니다. 한 마디로 정리하면, 우리가 어떤 사람이냐? 우리는 삼위 하나님 안에 있는 사람, 삼위 하나님의 은혜 안에 있는 사람입니다. 아멘.

그런 의미에서 사랑하는 성도 여러분, 삼위 하나님의 은총이 여러분과 함께 하기를 바랍니다. 예배 시마다 여러분을 축복하는 언어인데, 그런 의미가 들어 있습니다. 성부 하나님의 자녀로 삼아주신 은혜, 성자 하나님의 십자가 은혜, 그리고 성령 하나님의 변화의 은혜가 저와 여러분의 삶에 늘 충만하시기를 주님의 이름으로 축원합니다. 아멘. 오늘은 하나님의 자녀, 이 이름에 집중합니다. 이 이름에 담긴 의미가 무엇일까?

1. 세상에서 가장 존귀한 이름

먼저, 존귀함입니다. 하나님의 자녀라는 이름은 우리의 존귀함을 선포합니다. 15절을 같이 읽습니다. "너희는 다시 무서워하는 종의 영을 받지 아니하고 양자의 영을 받았으므로 우리가 아빠 아버지라고 부르짖느니라." 하나님을 아버지라고 부를 수 있다는 겁니다. 얼마나 존귀한지 몰라요. 세상에서 가장 존귀한 이름, 하나님의 자녀! 이것이 우리의 이름입니다. 아멘.

야구 선수 중에 추신수 선수라고 있죠. 미국에 진출한 우리 선수들이 많은데 그 중에서도 굉장히 두각을 나타내는 선수입니다. 실력을 인정받아서 계약도 초대형 계약을 했는데, 그때 기사에 부러워하는 댓글들이 많이 달렸습니다. 추신수 선수를 부러워하기도 하지만, 그 자녀들을 부러워하는 댓글이 많았습니다. "쟤들은 좋겠다. 태어나고 보니 아버지가 추신수야. 기분이 어땠을까?" 댓글이 재치가 있죠. 정말 어떤 기분일까요? 태어나고 보니 아버지가 억만장자 추신수예요. 제가 우리 애들한테 물어봤어요. "애들아, 태어나니까 아빠가 네 아빠야! 기분이 어때?" 그때 아이가 스마트폰을 하고 있었는데, 힐끔 보면서 "좋아요!" 짧게 대답하고는 계속 스마트폰을 했습니다. 좋다는 뜻이겠죠. 그렇게 믿고 삽니다.

그렇다면 하나님을 아버지로 둔 기분은 어떨까? 이 땅에 태어났는데, 정신 차리고 보니 아버지가 하나님인 거예요. 기분이 어떨까요? 보다 정확히는 기분이 어떠해야 마땅할까요? 안타깝게도 우리가 그걸 잘 모르고 사는 경우가 많아요. 하나님이 우리 아버지라는 사실, 그래서 우리가 그분을 아버지라고 부를 수 있다는 사실이 우리에게 얼마나 행복하고, 얼마나 우리를 존귀하게 만드는 일인지를 잘 깨닫지를 못해요.

"나는 전능하신 아버지 하나님 천지의 창조주를 믿습니다." 우리가 믿는 하나님의 거대함과 웅장함을 드러내는 고백입니다. 이런 분이 나의 아버지라는 겁니다. 우리가 어떻게 느껴야 마땅할까요? 어떤 기분을 가져야 우리의 신분에 어울릴까? 분명한 것은 적어도 지금 우리가 느끼고 있는 기분으로는 부족하다는 겁니다. 우리에게 주어진 존귀함의 무게를 생각할 때, 우리는 너무나 덜 행복해하고, 마음에 품은 자부심이 너무 작아요.

추신수 선수 자녀들도 그런 거 같아요. 기사에 아이들 사진

찍은 게 나왔는데, 표정이 시큰둥해요. 자기 아버지가 얼마나 대단한 사람인지 모르는 표정입니다. 그 아이들 나무랄 일이 아닙니다. 우리도 그래요. 언젠가 우리가 하나님 앞에 설 때 우리의 기분은 지금과는 사뭇 다를 겁니다. 직접 그분 앞에 서서 그분의 존귀함과 크심을 깨닫게 될 때, 하나님의 자녀라는 이름이 가지는 영광의 무게를 알게 될 것입니다. 바라기는 지금부터 하나님의 자녀라는 이름이 주는 행복과 존귀함을 느끼고 살아갈 수 있기를 주님의 이름으로 축원합니다. 아멘.

2. 자주 반복하고 되새겨야 할 이름

한 걸음 나아가 하나님의 자녀라는 이름에 담긴 의미가 뭘까? 두 번째는 이런 이름을 붙여봅니다. 자주 반복하고 되새겨야 할 이름이다! 첫 번째 묵상의 연장선에서 나오는 고백입니다. 주께서 우리에게 주신 하나님의 자녀라는 이름은 세상에서 가장 존귀한 이름이라고 했습니다. 그렇기 때문에 실천적으로는 자주 반복하고 되새겨야 할 이름입니다.

망각의 동물

인간의 서글픔 가운데 하나가 망각입니다. 잘 잊어먹어요. 이건 정말 우발적인 사고인데, 오늘 아침 제가 핸드폰을 어디다 뒀는지 모르겠어요. 혹시 주인 없는 핸드폰을 보시면 사무실로 갖다 주세요. 제 폰입니다. 이렇게 사람은 잘 잊어먹어요. 그런데 사소한 것을 잃어버리는 거야 괜찮겠지만, 문제는 너무나 소중한 진실까지 자주 잊어먹어요. 내가 하나님의 자녀라는 사실은 우리에겐 너무나 소중한 진실입니다. 그런데 이걸 잊어먹어요. 내가 얼마나 귀한 분의 자녀인지, 그래서 내가 얼마나 복되고 존귀한 존재인지를 잊어먹어요. 그래서 자주 반복하고 또 되새겨야 할 이름, 하나님의 자녀!

이에 대한 성경의 처방이 있습니다. 망각을 이기는 처방이 뭐냐? 부르는 겁니다. 하나님을 향해 아버지! 하고 부르라. 15절을 다시 보시면 "너희는 다시 무서워하는 종의 영을 받지 아니하고 양자의 영을 받았으므로 우리가 아빠 아버지라고 부르짖느니라." 너희들이 늘 하나님을 아빠 아버지라고 부르짖고 있지 않느냐는 의미인데, 의미를 새겨서 이렇게 읽어도 좋아요. 아빠 아버지라고 부르라. 보다 정확히는 부르짖으라! 그냥 마음에 묻어두지 말고, 짬짬이 아빠! 아버지! 그렇게 부르고, 또 부르짖으라. 왜냐하면, 정말로 우리의 아버지니까. 정말로 우리는 그분의 자녀니까. 그 이름이 우리를 행복하고 존귀하게 하니까.

어느 목사님이 설교가 끝난 뒤에 성도 한 분이 찾아왔어요. 성도님 얼굴에 약간 불만이 있는 거 같아요. 다소 건조한 목소리로 "목사님, 오늘 설교 말인데요, 2년 전에 했던 설교입니다." 따지러 온 거예요. 성도님이 총기가 있어서 그 목사님의 2년 전 설교를 기억하고 있었던 거예요. 그런데 오늘 설교 내용이 그때와 거의 같았던 모양입니다. 목사님이 약간 당황이 되었어요. 목사님이 어떻게 대답해야 할까요?

잠시 생각 끝에 대답하기를, "집사님, 오늘 설교 사실 3년 전에도 했었는데 그건 기억 안 나세요? 그리고 사실은 5년 전에도 했었는데, 그래서 오늘이 네 번째인데, 기억 안 나세요?" 목사님이 의외의 역공을 펼치니 집사님이 당황합니다. 당황하는 집사님을 향해 목사님이 최후의 일격을 날립니다. "집사님, 제가 왜 했던 설교를 또 하는지 아세요? 설교를 해도 집사님이 안 변하기 때문입니다. 두 번, 세 번 거듭 설교를 해도 집사님이 전혀 변하지를 않으니, 또 할 수밖에요."

목사님이 너무 잘 빠져나가죠. 제가 이번 주 설교를 준비하는데 그 생각이 들어요. 오늘 설교는 반복까지는 아니지만, 내용적으로는 제가 자주 선포하는 내용입니다. 우리는 하나님의 자녀다. 그러니 자녀다운 삶을 살자. 익숙하시죠? 그럼에도 불구하고 오늘 한 번 더 선포합니다. 설교 준비할 시간이 부족해서가 아닙니다. 새로운 메시지가 떠오르지 않아서도 아니에요. 이 이름이 너무나 아름다운 이름이기 때문입니다. 한 번 듣고 말기에는 이

173

이름이 너무 아름다워요. 그래서 한 번 더 마음에 새기라고.

앞서 말씀드린 대로, 우리는 망각의 동물입니다. 소중한 것을 자주 잊어버립니다. 귀한 삶을 위해서는 이 소중한 이름을 늘 마음에 새겨야하는데, 너무 자주 잊어버려요. 그래서 한 번 더 선포합니다. 사랑하는 샘물 성도 여러분, 저와 여러분은 존귀하신 하나님의 자녀입니다. 아멘? 아멘! 이 이름을 가슴에 품고 그 이름이 이끄는 대로 살아가는 복된 인생 되시기를 주님의 이름으로 축복합니다. 아멘.

엉뚱한 이름이 끼어들지 않도록

여기서 끝이 아니고, 이 이름을 자주 반복하고 되새겨야 할 또 하나의 중요한 이유가 있는데, 반복하지 않으면 엉뚱한 이름이 끼어들기 때문입니다. 그냥 잊어버리는 게 아니고, 다른 이름으로 대체가 돼요. 그것도 엉뚱한 이름으로. 예를 들어, 우리는 메뚜기와 같더라. 지난 주 설교 때 메뚜기 자아상에 대해 언급했었는데, 이스라엘 백성이 출애굽해서 가나안 땅에 들어가기 직전이었습니다. 정탐꾼들이 보고하는데, 적들은 강하고 우리는 메뚜기와 같더라. 그래서 백성들에게 메뚜기 자아상이 들어오고, 그것 때문에 마음이 무너지고, 그래서 가나안에 들어가지 못하고 발길을 돌렸다는 안타까운 이야기입니다.

그런데 원래 하나님이 그들에게 일러주신 이름은 메뚜기가 아니었어요. 하나님의 형상입니다. 하나님의 자녀와 거의 동의어인데, 창세기 1장 26절입니다. "하나님이 이르시되 우리의 형상을 따라 우리의 모양대로 우리가 사람을 만들고 그들로 바다의 물고기와 하늘의 새와 가축과 온 땅과 땅에 기는 모든 것을 다스리게 하자 하시고." 창세기는 창조주 하나님을 소개하는 책이고 또 천지만물의 기원을 일러주는 책이기도 하지만, 더하여 우리가 누구인지를 일러주는 책입니다. 우리가 누구냐? 하나님의 형상이라는 겁니다.

당시 이스라엘 백성들의 자아상은 노예였습니다. 그들은 조상 대대로 이집트에서 노예로 살아왔습니다. 아버지도 노예, 할아버지도 노예, 나도 노예, 내 이름은 노예입니다. 그렇게 수백 년을 살다보니 아예 자아상 자체가 노예가 되어 버렸어요. 나는 노예다! 평생을 그 이름으로 살아온 거예요. 그런 가련한 인생들에게 하나님이 그들의 진짜 이름 본명을 가르쳐 주십니다. 너희는 나의 형상이니라! 너희는 비천한 노예가 아니라, 나의 형상대로 지음 받은 나의 형상, 나의 존귀한 자녀들이니라.

모세를 통해 그 귀한 이름을 그들의 가슴에 심어주셨습니다. 그리고 그 이름을 품고 애굽을 탈출하여 가나안으로 향하게 하셨습니다. 보무도 당당하게 약속의 땅을 향해 진군을 한 거예요.

그런데 갑자기 백성이 걸음을 되돌리고 맙니다. 왜냐? 엉뚱한 이름이 들어와 버렸어요. 우리는 메뚜기와 같더라. 메뚜기는 의미상 노예하고 같은 맥락의 이름입니다. 나는 비천한 노예, 나는 연약한 메뚜기. 거기서 이스라엘 백성이 무너집니다. 이름이 무너지면 삶도 무너집니다. 자아상이 무너지면 삶도 무너져요. 그렇게 이스라엘 백성의 걸음이 무너졌습니다.

사랑하는 성도 여러분, 기억하는 사람이 되시기 바랍니다. 우리의 진정한 이름을 기억해야 합니다. 엉뚱한 이름이 끼어들지 못하도록. 하나님이 주신 소중한 이름을 반복하고 또 거듭 되새기는 게 중요해요. 피가 흘러도 심장에 새기세요! 목사님들 대상으로 설교 강의할 때 제가 자주 쓰는 표현입니다.

저는 설교에서 주제를 중시합니다. 설교를 통해 한 문장 주제를 성도들의 가슴에 새겨야 함을 강조합니다. 그러기 위해서는 먼저 설교자의 가슴에 그게 새겨져 있어야 합니다. 내 가슴에 새겨지지 않은 문장이 어떻게 성도들 가슴에 새겨지겠어요? 그래서 강조하기를, 목사님들 피가 흘러도 심장에 새기세요. 그렇게 하는데 오늘은 이 말씀을 성도님들께 드립니다. 성도 여러분, 하나님이 주신 소중한 이름을 피가 흘러도 가슴에 새기세요. 내 가슴에 피가 흘러도 이 이름만은 가슴에 새겨두세요. 우리는 하나님의 자녀입니다. 아멘.

3. 아름다운 미래를 보장하는 이름

마지막으로 하나님의 자녀라는 이름에 담긴 의미가 무엇일까? 미래의 아름다움입니다. 성도가 어떤 사람인가? 참 행복한 의미가 소개되는데, 성도는 미래가 아름다운 사람입니다. 아멘. 하나님의 자녀라는 이름이 우리에게 아름다운 미래를 보장합니다.

17절을 함께 읽습니다. "자녀이면 또한 상속자 곧 하나님의 상속자요 그리스도와 함께 한 상속자니 우리가 그와 함께 영광을 받기 위하여 고난도 함께 받아야 할 것이니라." 미래의 아름다움이 보이시는지요? 상속자입니다. 자녀에게 허락되는 아름다운 이름입니다. 성도 여러분, 여러분은 하나님 나라의 상속자가 될 것입니다. 아멘. 그래서 우리의 미래는 지금보다 더 아름다울 것입니다. 아멘.

과거가 현재를 결정하는 게 아니라, 미래가 현재를 이끌고 간다! 말이 멋있나요? 대학생 시절 풋풋한 제 가슴을 흔들어 놓았던 문구입니다. 수련회 중이었는데, 이름 있는 강사가 진중하게 말씀을 풀어주는 수련회였습니다. 거의 두 시간 이상 강의를 했는데, 저는 초반 15분 이후에 강의를 거의 듣지를 못했어요. 바로 이 말 때문이었습니다. "청년 여러분, 여러분의 과거가 지금 현재를 결정하는 게 아니라, 하나님 나라의 미래가 여러분의 현재를 이끌고 갈 것입니다." 충격이라고 해야 하나, 머리가 멍해지는 느낌이 들었습니다. 남은 강의 시간 내내 그 문구를 되씹고 또 되씹고. 너무 멋있는 거예요.

물론 잘못 읽으면 핑계로 남용될 수도 있습니다. 과거의 허물에 대한 핑계로, 혹은 게으른 현재에 대한 핑계로 전락할 수도 있습니다. 못난 죄인의 특징이 늘 핑계거리를 찾잖아요. 그런데 이 말씀을 반듯한 자세로 받으면, 주의 자녀의 삶을 살아가는 데 큰 힘이 됩니다. 나의 부족한 현재가 나의 미래를 결정하는 게 아니고, 하나님의 상속자라는 나의 미래가 나의 현재를 이끌고 갈 것입니다. 아멘.

물론 성도의 삶에도 고난이 있습니다. 하나님의 자녀라고 해서 고난이 피해가지는 않아요. 신실한 주의 자녀에게도 이런 저런 어려움이 닥칩니다. 예수님부터 그랬습니다. 하나님의 독생자 예수님의 삶은 누구보다 힘겹고 고달팠습니다. 고난 주간에 늘 그분의 고난을 묵상합니다만, 사람이 당할 수 있는 모든 어려움이 그분에게 쏟아졌습니다. 그러나 그것이 그분의 삶의 끝이 아니었습니다. 죽음과도 같았던 그분의 삶은 부활의 영광으로 마무리 되었습니다.

우리의 삶도 마찬가지, 우리의 미래도 그러할 것입니다. 시작은 힘들고 과정은 거칠 수 있어도, 우리의 마지막은 너무나 영광스럽고 또한 아름다울 것입니다. 왜냐하면 우리는 하나님의 자녀이기 때문입니다. 하나님이 우리의 미래를 붙잡고 계시기 때문입니다.

목사로서 저는 여러분의 내일은 잘 몰라요. 내일 어떤 어려움이 닥칠지, 모레 여러분의 삶에 어떤 고달픔이 있을지 저는 잘 몰라요. 그러나 한 가지 확실히 아는 것이 있는데, 여러분의 마지막은 너무나 아름다울 것입니다. 여러분의 마지막은 너무나 영광스러울 겁니다. 18절에 "생각하건대 현재의 고난은 장차 우리에게 나타날 영광과 비교할 수 없도다." 지금의 고난과는 비교할 수 없이 아름다운 미래가 우리를 기다리고 있습니다. 우리는 하나님의 자녀이기 때문입니다. 우리는 하나님의 나라를 상속할 영광스러운 상속자입니다. 아멘.

결론 - 행복하라, 안심하라

말씀 정리합니다. 사랑하는 성도 여러분, 우리는 하나님의 자녀입니다. 하나님이 우리의 아버지가 되십니다. 그러니 행복하셔도 됩니다. 그러니 안심하셔도 됩니다. 하나님의 자녀, 이 영광스러운 이름과 함께 오늘도 행복하고 승리하는 하루가 되시기를 주님의 이름으로 축원합니다. 아멘.

<생각할 거리>

1. 잊지 말아야 하는데 자꾸 잊어버리는 게 있다면 무엇일까요? 거꾸로 잊어야 하는데 자꾸만 곱씹고 기억하는 것은 무엇이 있을까요?

2. 기도할 때 하나님을 어떻게 부르고 있습니까? 거기에 아버지 라는 단어가 들어갑니까? 그 호칭이 나에게 의미하는 바는 무 엇일가요?

3. 일상에서 하나님의 자녀로서 행복과 존귀함을 경험한 것이 있다면 나누어 봅시다.

4. 하나님의 자녀라는 나의 자아상이 나의 미래에 대해서는 어 떤 의미를 가질까요?

복음의 그릇(11)

세계관의 그릇 -
자연이 우리를 기다리는 이유

(롬 8:19-25)

<설교 구상>

예배 회복이 자연 회복의 열쇠임을 선포하는 설교다. 예배의 회복과 자연 회복은 외견상 거리가 멀어 보이지만, 하나님의 자녀인 우리를 매개 삼아 하나로 연결된다. 자연이 아픔을 겪게 된 것은 자연의 관리자로 세움 받은 우리가 타락하여 본분에서 이탈하였기 때문이다. 이에 하나님은 우리의 삶과 함께 자연 역시 탄식 속에 들어가게 하셨다. 이 탄식은 우리가 주의 자녀로 온전히 회복될 때 사라질 것이다.

로마서가 말하는 피조물의 탄식은 환경오염이 아니다. 로마서 당시는 지금과 같은 환경오염은 존재하지 않았다. 로마서의 탄식은 타락으로 인한 자연의 왜곡이다. 평화로운 에덴이 약육강식의 비정한 자연으로 변하였고, 그래서 피조물은 탄식한다. 이것은 환경운동으로 해결될 사안이 아니다. 자연의 통치자로 세움 받은 인간이 타락을 딛고 하나님의 자녀로 온전히 회복될 때 자연도 치유될 것이다. 이에 설교는 하나님의 자녀의 회복, 다시 말해 예배의 회복이 모든 문제의 해결의 열쇠임을 선포한다.

세계관의 그릇 – 자연이 우리를 기다리는 이유

(롬 8:19-25)

19 피조물이 고대하는 바는 하나님의 아들들이 나타나는 것
이니 20 피조물이 허무한 데 굴복하는 것은 자기 뜻이 아니
요 오직 굴복하게 하시는 이로 말미암음이라 21 그 바라는
것은 피조물도 썩어짐의 종 노릇 한 데서 해방되어 하나님의
자녀들의 영광의 자유에 이르는 것이니라

서론 - 자연이 우리를 기다리는 이유

오늘의 말씀은 자연입니다. 지금까지 로마서를 통해 인간을
묵상하고, 하나님이 우리에게 베푸시는 구원의 은혜를 묵상했
는데, 오늘은 조금 색다른 방향으로 나갑니다. 자연과 인간의 관
계입니다. 우리는 자연 속에서 자연과 함께 살아갑니다. 자연이

우리 삶에서 차지하는 자리는 결코 무시할 수 없는 자리입니다. 그렇다면 성경의 관점에서 자연과 인간은 어떤 관계일까요? 묵상하실 때 신앙의 지평이 한 걸음 더 넓어지는 시간이 되기를 바랍니다.

19절을 함께 읽겠습니다. "피조물이 고대하는 바는 하나님의 아들들이 나타나는 것이니." 성경을 읽을 때 열쇠가 되는 구절이 있습니다. 특히 복잡한 본문을 만날 때 한 구절을 잘 잡으면 그것이 열쇠가 되어서 본문의 의미가 술술 풀어지는 경우가 있는데, 오늘은 19절입니다. "피조물이 고대하는 바." 피조물이 누군가를 고대하고 있다는 말인데, 누구를 고대할까요? 하나님의 아들들입니다. 피조물이 하나님의 자녀들이 나타나기를 간절히 기다린다.

생각에 잠기게 하는 구절입니다. 피조물이 왜 하나님의 자녀들이 나타나기를 기다릴까? 우리가 하나님의 자녀들인데, 피조물이 왜 우리를 기다리는 것일까? 오늘은 이 질문을 통해 본문 속으로 들어갑니다. 다소 복잡한 논리 흐름을 좇아야 하는데, 잘 따라오시면 좋겠습니다.

1. 자연이 망가졌기 때문에

우선 첫째, 자연이 망가졌기 때문입니다. 자연이 아프기 때문입니다. 누군가를 간절히 기다릴 때는 대체로 문제가 있을 때입니다. 의사를 간절히 기다릴 때가 있습니다. 몸이 아플 때입니다. 아이가 엄마를 간절히 기다릴 때가 있습니다. 주로 배가 고플 때 그래요. 자연의 기다림도 마찬가지, 자연이 누군가를 간절히 기다리는 건 자연이 아프기 때문입니다.

자연이 아프다는 데 공감이 되시는지요? 공익광고 중에, 북극곰의 집을 지켜주세요! 보셨나요? 지구 온난화로 인해 북극 얼음이 녹아내리는 거예요. 북극이 아픈 거예요. 그러다 보니 북극곰이 살 데가 마땅치 않아요. 바다도 아파요. 물고기들이 떼죽음 당했다는 소식이 심심찮게 들려옵니다. 바다가 아픈 거예요. 하늘도 아파요. 언젠가부터 미세먼지라는 말이 우리 삶에 큰 부분을 차지합니다. 여기저기 자연이 아프다는 징후들이 나타납니다.

성경도 자연의 아픔에 대해 공감합니다. 22절에 "피조물이 다 이제까지 함께 탄식하며 함께 고통을 겪고 있는 것을 우리가 아느니라." 피조물이 고통 중에 탄식하고 있다는 겁니다. 여기서 '함께'라는 말은 '누구와 함께'라는 뜻이 아니고 '전부' 혹은 '다 같이'라는 의미입니다. 어느 한 부분만 아픈 게 아니고, 자연계 전체가 다 같이 아프다는 겁니다. 북극도 아프고, 남극도 아프고, 하늘도 아프고, 강도 아프고, 전부 아파요. 작은 질병이 아니고 큰 질병이 들었다는 말입니다. 그래서 피조물이 누군가를 간절히 기다리고 있어요. 누구를? 하나님의 아들들입니다. 하나님의 아들들이 나타나기를 피조물이 간절히 기다린다.

2. 우리가 해결의 열쇠이기 때문에

바로 두 번째로 넘어가서, 피조물이 하나님의 자녀들인 우리를 기다리는 이유가 무엇일까? 우리가 해결의 열쇠이기 때문입니다. 이제 본격적으로 본문 속으로 들어가는데, 병자가 의사를 기다리는 건 의사가 병에 대한 해결자이기 때문입니다. 아이가 엄마를 기다리는 것도 엄마가 오면 배고픔이 해결되기 때문입니다. 자연도 마찬가지, 피조물이 왜 하나님의 자녀들인 우리를 간절히 기다리느냐? 우리가 해결의 열쇠이기 때문입니다.

공감이 되시는지요? 우리는 자연의 아픔의 해결자다. 오늘 본문이 선포하는 진실인데, 공감이 되시는지요? 체감적으로 쉽게 공감 가는 내용은 아닙니다. 일반적으로 우리 인간은 자연 문제의 해결자보다 오히려 문제 유발자로 보는 시각이 많습니다. 자연이 병들고 아픈 이유는 대부분 우리 인간들 때문입니다. 우리가 자연을 너무 못 살게 군거죠. 그래서 많은 분들은, 우리가 자연을 위해서 해줄 수 있는 최고의 봉사는 자연을 떠나는 것이라고 말합니다.

근거가 없는 말이 아닙니다. 지구에서 가장 아름다운 자연이 한반도에 있습니다. 설마 하실 수 있는데, 아마존보다 더 아름다운 자연이 우리 사는 한반도에 있어요. 어디일까요? DMZ 비무장지대입니다. 언젠가 DMZ 영상을 보았는데, 그렇게 아름다울 수가 없어요. 이 땅의 슬픈 역사를 아는지 모르는지, 물도 너무 맑고, 물고기도 너무 예뻐요. 어떻게 된 일일까요? 어떻게 이렇게 아름다운 자연이 생겨났을까? 이유인즉, 사람들이 떠났기 때문입니다. 70년 동안 근처에 얼씬도 안했어요. 그랬더니 이렇게 아름다워졌어요.

그런 의미에서 인간은 자연 문제의 해결자가 아니라 문제 유발자로 볼 수 있습니다. 그런데 성경의 생각은 다릅니다. "피조물이 고대하는 바는 하나님의 아들들이 나타나는 것이니." 만일 사람이 자연 문제의 유발자라면 자연이 이러지 않겠죠. 대신 '피조물이 고대하는 바는 인간이 떠나는 것이니'라고 말했겠죠. 그런데 성경은, 피조물이 하나님의 자녀들을 기다린다고 선포합니다. 이유가 뭘까요? 자연 회복의 열쇠가 우리에게 있기 때문입니다. 우리는 문제 유발자일 수도 있지만, 우리는 자연 문제의 해결자이기 때문입니다.

3. 하나님이 우리를 자연의 통치자로 세우셨기 때문에

그렇다면 왜 우리가 자연 문제의 해결자일까? 이유인즉, 하나님이 우리를 해결자로 세우셨기 때문입니다. 천지만물의 주인이신 하나님이 우리를 자연 문제의 해결자로 세우셨습니다. 그래서 자연은 우리가 나타나기를 기다립니다. 이것이 오늘 로마서가 선포하는 진실입니다.

몇 가지 논리 흐름을 따라와야 하는데요, 먼저 20절을 함께 읽습니다. "피조물이 허무한 데 굴복하는 것은 자기 뜻이 아니요 오직 굴복하게 하는 이로 말미암음이라." 자연이 망가진 것이 자연의 뜻이 아니라는 거예요. 자연 스스로 망가진 게 아니고, 누군가 망가지게 한 분이 있다는 거예요. 누구냐? 하나님이라는 겁니다. 물론 자연이 망가진 책임이 하나님께 있다는 말은 아닙니다. 다만 자연이 그렇게 된 데는 하나님의 의중이 반영된 결과라는 겁니다. 하나님이 허락하셨다는 말입니다.

이건 또 왜 그럴까? 왜 하나님은 자연이 망가지고 신음하는 걸 허락하셨을까? 우리가 망가졌기 때문입니다. 하나님의 자녀인 우리가 망가졌기 때문에, 하나님은 자연도 망가지게 하셨습니다. 하나님의 마음에 한 가지 원칙이 있는데, 우리가 망가지면 자연도 망가져야 된다는 겁니다. 하나님 앞에서 우리와 자연은 일종의 운명 공동체입니다. 그래서 우리가 죄로 인해 망가지고 타락했을 때, 하나님은 자연도 망가지게 하셨습니다.

그렇다면 이건 또 왜 그럴까? 우리가 망가졌다고 왜 하나님은 자연까지 망가지게 하셨을까? 이제 막바지에 이르렀는데요, 하나님이 우리를 자연의 통치자로 세우셨기 때문입니다. 하나님은 우리를 자연의 우두머리로 세우셨습니다. 그래서 우리가 망가질 때 우리의 휘하에 있는 자연도 망가지고 탄식과 신음에 들어가는 걸 허락하셨습니다.

이야기는 창세기 1장으로 거슬러 올라갑니다. 26절에 "하나님이 이르시되 우리의 형상을 따라 우리의 모양대로 우리가 사람을 만들고 그들로 바다의 물고기와 하늘의 새와 가축과 온 땅과 땅에 기는 모든 것을 다스리게 하자 하시고." 하나님이 우리 인간을 자연의 통치자로 세우는 장면입니다. 그런데 바로 다음 장면에 인간이 죄로 인해 타락하고 망가집니다. 그때 하나님이 자연의 황폐를 명하십니다.

창세기 3장 17절 "아담에게 이르시되 네가 네 아내의 말을 듣고 내가 네게 먹지 말라 한 나무의 열매를 먹었은즉." 다시 말해, 우리가 망가졌은즉. 뒷부분 같이 읽습니다. "땅은 너로 말미암아 저주를 받고 너는 네 평생에 수고하여야 그 소산을 먹으리라." 땅이 저주를 받고 황폐화되었다는 거예요. 누구 때문에? 우리 때문에! 자연의 통치자인 우리가 타락했을 때 자연도 저주를 받고 망가진 겁니다. 자연의 운명은 우리의 운명에 연동됩니다. 하나님이 그렇게 정하셨습니다. 그래서 자연의 회복에 있다면 그 또한 우리의 회복을 통해서입니다.

4. 자연의 신음은 환경오염이 아니다

잠시 곁길로 나가서, 로마서가 말하는 피조물의 탄식의 정체에 대해 생각할 필요가 있습니다. 로마서가 선포하길 피조물이 탄식하고 있다고 했는데, 환경오염 이야기가 아닙니다. 로마서가 기록될 당시엔 환경오염은 없었습니다. 산업화 이전이니까 오염과는 거리가 멀어요. 그런데 왜 피조물이 아프고 탄식한다고 말하느냐? 타락 이전의 자연에 비하면 그렇다는 의미입니다. "땅은 너로 말미암아 저주를 받고." 하나님이 원래 창조하신 자연의 아름다움에 비하면, 산업화 이전의 청정 자연도 망가진 자연이라는 겁니다.

현재 지구상에서 가장 잘 보존된 자연으로 아마존을 많이들 꼽습니다. 아마존의 아름다운 밀림이 훼손되는 걸 안타까워하는 분들이 많습니다. 그런데 과학자의 눈에는 아마존이 아름다운지 몰라도, 성경의 눈에는 아마존도 병든 자연입니다. 아이들 보는 만화 중에 [아마존에서 살아남기]라는 만화가 있습니다. 학습 만화인데, 아마존이 얼마나 위험한 곳인지를 잘 보여줍니다. 온갖 해충에 맹수가 들끓는 곳입니다. 거기서 하룻밤을 보낸다는 건 거의 자살행위에 가까울 만큼 위험합니다. 오죽하면 만화 제목이 '아마존에서 살아남기'겠어요.

자연의 아픔은 산업화에서 시작된 게 아닙니다. 산업화로 인한 환경오염 이전에 이미 자연은 신음하고 있었고, 이미 자연은 병들어 있었습니다. 그래서 사도 바울은 로마서 당시 청정 자연을 향해서도 회복이 필요하다고 선포합니다. 그게 21절입니다. 함께 읽습니다. "그 바라는 것은 피조물도 썩어짐의 종노릇에서 해방되어 하나님의 자녀들의 영광에 이르는 것이니라." 피조물이 썩어짐에서 회복되어 하나님의 자녀의 영광에 이르기를 바란다는 선포입니다.

두 가지 의미가 내포되어 있는데, 먼저는 피조물을 향한 안타까움입니다. 피조물이 꼭 아름답게 회복되기를 바란다는 소망의 선포입니다. 그리고 두 번째, 연동의 의미입니다. 피조물이 언제 회복되느냐? 주의 자녀들이 회복될 때 그때 비로소 자연의 회복도 연동되어 일어난다는 의미입니다. 통치자가 회복될 때 자연도 회복된다는 말입니다.

바로 여기서 19절이 나옵니다. 피조물이 간절히 고대하기를 "하나님의 아들들이 나타나기를 기다리니." 피조물은 환경 운동가를 기다리지 않고, 하나님의 아들들이 나타나기를 간절히 기다립니다. 왜냐하면, 거기에 회복이 있기 때문입니다. 환경 운동가들이 산업화로 인한 환경오염에 대해서는 실마리는 풀 수 있을지 몰라도, 근본적인 자연의 아픔을 해결할 수는 없습니다. 죄로 인해 자연에 드리운 근본적인 탄식은 조치할 방도가 없습니다. 오직 하나님의 자녀들이 나타나고, 하나님의 은총이 다시금 자연에 임할 때, 그때 비로소 피조물이 아름답게 회복될 것입니다.

5. 해결의 열쇠는 예배의 회복에 있다

먼 길을 달려왔는데요, 이제 오늘 설교의 결론을 선포합니다. 해결의 열쇠는 예배의 회복에 있다! 오늘 로마서를 통해 주께서 선포하시는 말씀, 특히 망가지고 황폐화 되어 신음하는 자연 앞에서 우리에게 주시는 말씀이 여기 있습니다. 해결의 열쇠는 예배의 회복에 있다. 그러니 우리가 먼저 회복되라! 우리가 먼저 하나님의 자녀로 회복되라! 거기에 해결의 열쇠가 있느니라. 아멘. 모든 해결의 열쇠는 창세기 3장의 회복에 있습니다. 우리가 주의 은혜로 온전한 하나님의 자녀로 회복될 때 이 땅도 회복될 것입니다. 아멘.

환경운동의 의미를 무시할 생각은 없습니다. 성도들도 많이 참여하고 협력하시면 좋겠어요. 그런데 기억할 것은, 환경운동에는 한계가 있습니다. 환경운동으로 북극곰의 집을 찾아줄 수 있고, 환경운동으로 물고기를 살려낼 수는 있어요. 그러나 그렇다고 해서 로마서가 선포하는 피조물의 근본적인 탄식과 근원적인 망가짐을 해결할 수는 없습니다. 이 탄식을 걷어낼 해결책은, 하나님의 자녀의 회복입니다. 우리가 회복되는 것입니다. 우리가 주의 자녀로 온전히 회복될 때 자연의 아픔도 연동하여 해결될 것입니다. 아멘.

그런 의미에서 오늘 설교의 결론을 이렇게 맺고 싶어요. 사랑하는 샘물 성도 여러분, 참된 예배자가 되시기 바랍니다. 바로 거기에 자연 회복의 열쇠도 있습니다. 최고의 환경운동은 예배자로 서는 겁니다. 이런 이야기를 바깥에서 하면 이상하게 볼 수 있어요. '예배 잘 드리면 자연이 회복된다고? 그게 말이 돼?' 목사로 살기가 때로 어려워요. 이해 못할 이야기를 해야 하니까. 그렇지만 해야죠. 사랑하는 성도 여러분, 자연 회복의 열쇠는 예배에 있습니다. 아멘.

목사로서 저는 예배에 승부를 걸고 싶어요. 한 번 뿐인 인생, 세상의 급소를 건드려야 하는데, 예배야말로 세상 모든 문제의 급소요, 세상 모든 아픔의 해결은 바로 여기서 시작된다고 믿습니다. 그래서 저는 예배에 승부를 걸고 싶어요. 같은 믿음이시라면 함께 해주세요.

사람 사는 곳이면 어디나 문제가 있고 신음이 있습니다. 사회적인 문제, 윤리 문제, 지금 우리가 겪고 있는 전염병의 고통까지 수많은 신음과 아픔이 존재합니다. 해결이 필요합니다. 해결의 열쇠는 어디에 있을까? 이 아픔과 신음을 걷어낼 해결의 열쇠는 도대체 어디에 있을까? 저는 예배에 있다고 믿습니다. 탁월한 리더십도 좋고, 첨단 기술도 좋지만, 진정한 해결의 열쇠는 예배의 회복에 있다고 믿습니다. 하나님과의 관계가 회복될 때 모든 것이 자리를 잡기 때문입니다.

그런 의미에서 성도로서 세상을 위해 봉사할 수 있는 최고의 봉사가 뭘까? 저는 예배라고 믿습니다. 하나님 앞에 참된 예배자로 서는 것이야말로 그 어떤 일보다 세상을 향한 최고의 섬김이라고 믿습니다. 거기에 세상 모든 문제의 회복의 열쇠가 있기 때문입니다.

예배가 회복될 때 세상이 어떻게 변할까? 이사야 11장 6-8절에 "그 때에 이리가 어린 양과 함께 살며 표범이 어린 염소와 함께 누우며 송아지와 어린 사자와 살진 짐승이 함께 있어 어린 아이에게 끌리며... 젖 먹는 아이가 독사의 구멍에서 장난하며 젖 뗀 어린 아이가 독사의 굴에 손을 넣을 것이라." 아름답잖아요. 단지 미세먼지가 사라진 자연이 아니고, 단지 환경오염이 사라진 자연이 아니고, 완전한 평화와 완전한 샬롬의 자연입니다.

이 아름다운 자연이 어떻게 가능할까? 비결이 9절에 있습니다. "내 거룩한 산 모든 곳에서 해 됨도 없고 상함도 없을 것이니 이는 물이 바다를 덮음 같이 여호와를 아는 지식이 세상에 충만할 것임이니라." 하나님을 아는 지식이 충만하고, 참된 예배가 회복될 때 뒤틀려진 세상이 회복될 것이다. 저는 이 말씀을 믿습니다. 이 땅에 하나님을 아는 지식이 충만하고 그분을 향한 참된 예배가 회복될 때, 이 땅의 모든 아픔이 힘을 잃고 아름다운 회복의 역사가 일어날 것입니다. 아멘.

결론 - 참된 예배자로 서라

말씀 정리합니다. 오늘의 말씀, 자연이 우리를 기다리는 이유. 성경이 선포하기를 자연이 우리를 기다린다고 말합니다. 아픔 중에 있는 자연이 우리를 해결자로 기다린다는 말입니다. 우리 안에 그럴 능력이 있는가? 예, 있습니다. 죄로 인해 뒤틀려진 하나님과의 관계가 바로 설 때 이 땅에 드리운 근원적인 아픔과 탄식이 힘을 잃게 될 것입니다. 그런 의미에서 사랑하는 성도 여러분, 예배자가 되시기 바랍니다. 참된 예배자가 되시기 바랍니다. 거기에 모든 열쇠가 있습니다. 나를 위해서도 그렇지만, 우리 사는 이 땅을 위해서 참된 예배자로 서는 성도들이 되시기를 주님의 이름으로 축원합니다. 아멘.

<생각할 거리>

1. 자연과 인간의 관계를 성경적인 관점에서 생각해 본 적이 있습니까? 오늘 말씀을 통해 깨달은 것이나 받은 은혜가 있다면 나누어 봅시다.

2. 성경은 피조물이 탄식 중에 있다고 말합니다. 이 탄식의 정체는 무엇일까요?

3. 신음하는 자연을 위한 진정한 해결책은 '우리가 하나님의 자녀로 회복되고, 하나님 앞에 참된 예배자로 서는 것'이라는 말씀에 공감이 되시는지요?

4. 오늘 말씀이 자연을 비롯한 삶의 모든 영역의 문제를 바라보는 나의 관점과 나의 책임에 대해 주신 메시지가 있다면 나누어 봅시다.

복음의 그릇(12)

행복의 그릇 -
너는 행복자로다

(롬 8:26-30)

<설교 구상>

성도의 행복을 묵상하는 설교다. 본문은 26-27절에서 우리를 향한 성령님의 뜨거운 기도를 소개하는데, 설교는 그것을 우리의 행복으로 이해하였다. 이어서 28절은 모든 것이 합력하여 선을 이룸을 선포하는데, 이 또한 우리의 듬직한 행복이겠지만, 자주 언급된 부분이기에 따로 대지로 구성하지는 않았다. 29-30절은 하나님이 우리를 미리 아시고, 맏아들 되신 주님의 형상을 본받는 자가 되기로 정하셨다고 했는데, 이 또한 우리의 큰 행복으로 선포한다. 여기에 29-30절에 소개된 소위 구원의 서정을 우리를 향한 하나님의 세밀한 로드맵이라는 언어로 우리가 누리는 또 하나의 귀한 행복으로 선포한다.

이제 준비된 재료를 설교적 언어로 바꾸고, 순서도 보다 전략적으로 재구성할 필요가 있다. 이에 설교는 우리가 하나님의 계획 가운데 태어난 사람이고, 하나님의 꿈이 된 사람이며, 하나님의 세밀한 로드맵 위에 있는 사람이고, 무엇보다 하나님의 뜨거운 기도 가운데 있는 사람이기에 행복하다고 선포한다.

행복의 그릇 – 너는 행복자로다

(롬 8:26-30)

26 이와 같이 성령도 우리의 연약함을 도우시나니 우리는 마땅히 기도할 바를 알지 못하나 오직 성령이 말할 수 없는 탄식으로 우리를 위하여 친히 간구하시느니라… 28 우리가 알거니와 하나님을 사랑하는 자 곧 그의 뜻대로 부르심을 입은 자들에게는 모든 것이 합력하여 선을 이루느니라 29 하나님이 미리 아신 자들을 또한 그 아들의 형상을 본받게 하기 위하여 미리 정하셨으니 이는 그로 많은 형제 중에서 맏아들이 되게 하려 하심이니라 30 또 미리 정하신 그들을 또한 부르시고 부르신 그들을 또한 의롭다 하시고 의롭다 하신 그들을 또한 영화롭게 하셨느니라

서론 - 성도의 행복

오늘의 말씀은 행복입니다, 성도의 행복. 사랑하는 성도 여러분, 행복하시기 바랍니다. 신명기 33장 29절에 "이스라엘이여, 너는 행복한 사람이로다." 말씀이 참 좋죠. 너는 행복한 사람이로다. 저한테는 예전 번역이 더 익숙합니다. "이스라엘이여, 너는 행복자로다." 행복자라는 단어가 조금 투박해 보여도 저한테는 더 정감 있게 다가옵니다. 어느 쪽이든 좋아요. 행복한 사람도 좋고, 행복자도 좋고, 다 좋아요.

그런데 더 좋은 것은, 이것이 우리의 이름이라는 사실입니다. 아멘. 오늘 주께서 우리 마음에 이 이름을 새겨주십니다. 성도들이여, 그대는 행복한 사람이로다! 이 시간 성도의 행복을 묵상하려 합니다. 성도를 행복하게 하는 것이 너무나 많지만, 오늘 본문을 따라 네 가지만 소개합니다. 묵상하실 때, 지금보다 더 행복한 하루하루 되시기를 주님의 이름으로 축원합니다. 아멘.

1. 계획 가운데 태어난 사람

성도의 행복, 첫째는 계획입니다. 우리가 왜 행복한 사람인가? 성경이 말하길, 우리는 계획 가운데 태어난 사람이기 때문입니다.

계획 가운데 태어났기 때문에 행복하다는 말이 공감이 되시나요? 미국 청소년들은 이 말에 매우 공감합니다. 릭 워렌 목사의 책에 이런 문구가 있습니다. "여러분이 태어났을 때 부모님은 혹 당황하셨는지 몰라도, 하나님은 전혀 당황하지 않으셨습니다." 내가 태어났는데, 부모님이 당황하신다니, 이게 무슨 말일까요? 예정에 없던 임신을 이야기합니다. 미국에 이 상처를 가진 아이들이 많나 봅니다. '난 실수로 태어났어. 부모님은 날 원하지도 않았고, 날 계획하지도 않았는데, 어쩌다 사고로(by accident) 내가 태어난 거야.'

사고라는 말이 너무 가혹해 보입니다. 그런 아픔을 품고 사는 아이들이 생각보다 많다고 합니다. 나라는 존재가 우연 혹은 실수라는 말인데, 아이 입장에서 생각하면 너무 서글픈 현실입니다. 그 아이들을 향해 릭 워렌 목사님이 건넨 위로의 말이 이겁니다. "부모님께는 여러분이 혹 실수나 사고였는지 몰라도, 하나님께는 그렇지 않습니다. 부모님은 계획하지 않으셨을지라도, 하나님은 오래 전부터 여러분을 계획하셨고, 여러분은 그 계획 가운데 태어난 귀한 사람입니다." 이 말이 위로가 되었을까요? 예, 많은 사람들에게 위로를 준 메시지입니다.

그런데 그 근거가 바로 오늘 본문입니다. 29절 함께 읽습니다. "하나님이 미리 아신 자들을 또한 그 아들의 형상을 본받게 하기 위하여 미리 정하셨으니 이는 그로 많은 형제 중에서 맏아들이 되게 하려 하심이라." 첫 머리에 "하나님이" 어떻게? "미리 아신 자들을." 하나님이 우리를 아셨다는 거예요. 우리가 우연히 생겨난 게 아니고, 우리가 태어나기 오래 전 이미 하나님의 뇌리 속에 우리 얼굴이 있었고, 우리의 이름이 그분 가슴에 있었다는 겁니다. 혹 이 자리에도 그런 상처로 힘겨워하는 분이 있을지 모르겠어요. '난 실수로 태어났어. 우연히 사고로 태어났어.' 그런 분이 있다면, 오늘 말씀이 위로가 되기를 바랍니다.

그런데 이건 특정인에게 국한된 상처가 아닙니다. 알고 보면 우리 시대의 문화 자체가 그러합니다. 소위 현대 과학적인 세계 관이 우리에게 그런 상처를 강박합니다. 현대 과학의 기초에는 우연 사상이 있습니다. 우주가 어디서 왔느냐? 과학이 대답하기를, 우연입니다. by accident. 나라는 존재는 또 어디서 왔느냐? 그것도 by accident 우연히. 우주의 기원에 대해 현대 과학은 빅뱅을 이야기하고, 생명의 기원에 대해서는 진화론을 이야기하는데, 결국 우연이라는 말입니다. 특별한 목적도 없고, 누가 계획한 것도 아닙니다. 그냥 우연히 펑 하고 우주가 생겨났다는 거예요.

생명체도 마찬가지 어느 날 우연히 유기물이 생기고, 어쩌다 미생물이 생기고, 그 끝자락에 우연히 by accident 나라는 존재가 생겨났다는 겁니다. 이게 현대 과학의 세계관입니다. 저는 이게 맞다 틀렸다 이전에, 너무 잔인하다고 생각해요. 우리 존재를 너무 허망한 존재로 만듭니다. 우리가 우연히 나타났다 우연히 사라지는 우연 덩어리이란 말이잖아요. 계획도 없고 목적도 없고, 그저 우연과 확률의 산물로 규정합니다. 너무 잔인합니다. 너무 가혹해요. 우리 인생을 너무 모욕한다는 느낌마저 듭니다.

그런데 감사하게도 성경의 가르침은 다릅니다. 성경이 말씀하길, 우리는 우연의 산물이 아닙니다. 우리를 미리 계획하신 분이 계십니다. 미리 우리를 아시고, 우리가 태어나기를 기다린 분이 계신다는 거예요. 창조주 하나님입니다. 시편 139편을 한 번 보실까요? 제가 참 좋아하는 성경이고, 유아세례 문답할 때 자주 읽어주는 성경입니다. 16절을 함께 읽습니다. "내 형질이 이루어지기 전에 주의 눈이 보셨으며 나를 위하여 정한 날이 하루도 되기 전에 주의 책에 다 기록이 되었나이다."

"내 형질이 이루어지기 전에." 내 몸의 세포 하나도 생겨나기 전에 "주의 눈이 보셨으며." 누구를 보셨을까요? 나를 보셨다는 거예요. 그분이 나를 아셨다는 거예요. "나를 위하여 정한 날이 하루도 되기 전에." 내가 태어난 지 백일은 고사하고 하루도 되기 전에 "주의 책에 다 기록이 되었나이다." 뭐가 기록되었을까요? 나를 향한 하나님의 계획입니다.

성령의 인도하심 가운데 시인이 하나님의 서재를 들여다본 거예요. 하나님의 서재에 책들이 많이 꽂혀 있는데, 그 중에 눈에 띠는 책이 하나 있어요. 한 눈에 봐도 특별하고 굉장히 오래된 책입니다. 가까이 가서 살펴보니 표지에 놀랍게도 내 이름이 있는 겁니다. 나를 위한 책이었습니다. 펼쳐보니 나를 향한 계획이 빼곡하게 들어있는 거예요. 그리고 그 내용이 너무 좋은 거예요.

17절이 그 말입니다. "하나님이여 주의 생각이 내게 어찌 그리 보배로우신지요. 그 수가 어찌 그리 많은지요." 내가 존재하기도 전에 하나님은 이미 나를 향한 세밀한 계획을 갖고 계셨다는 거예요. 나라는 존재는 그분의 계획 가운데 태어났다는 거예요. 사랑하는 성도 여러분, 믿음으로 받으실 분은 이 말씀을 나의 말씀으로 받으시기 바랍니다. 그리고 행복하시기 바랍니다.

저는 여러분이 어떤 과정을 거쳐서 태어났는지 잘 모릅니다. 자연분만이었는지 제왕절개였는지, 열 달 다 채우고 나왔는지 한명회처럼 일곱 달 만에 나왔는지 저는 몰라요. 그런데 제가 확실하게 아는 것이 하나 있습니다. 여러분은 하나님의 계획 가운데 태어났습니다. 아멘. 여러분은 우연의 산물이 아니고 하나님의 계획 가운데 태어났습니다. 하루하루 이 믿음 품고 사시기 바랍니다.

같은 하늘 아래 산다고 같은 세상을 사는 것은 아닙니다. 어떤 사람은 우연 가운데 삽니다. 허전하고 메마른 우연으로 가득한 세상을 삽니다. 물론 저와 여러분의 이야기는 아닙니다. 우리는 우연이 아니라 하나님의 계획이 있는 세상을 삽니다. 그분의 계획 가운데 우리가 태어났고, 비정한 확률이 아니라 하나님의 따뜻한 인도하심 가운데 살고 있습니다. 이 믿음으로 오늘도 행복한 하루가 되시기를 주님의 이름으로 축원합니다. 아멘.

2. 하나님의 꿈이 된 사람

이어서 성도의 행복 두 번째, 꿈입니다. 우리가 어떤 사람이냐? 성경이 말씀하길, 하나님의 꿈이 된 사람입니다. 우리는 하나님의 가슴에 꿈으로 새겨진 사람입니다. 얼마나 행복해요? 오늘 성경이 우리에게 일러주시는 가슴 뜨거운 진실입니다.

29절을 다시 보면 "하나님이 미리 아신 자들을 또한 그 아들의 형상을 본받게 하기 위하여 미리 정하셨으니 이는 그로 많은 형제 중에서 맏아들이 되게 하려 하심이라." 하나님의 꿈이 보이시는지요? "그 아들의 형상을 본받게 하기 위하여." 이 대목입니다. 하나님이 우리를 계획하셨다고 했는데, 거기에 목표가 있어요. 우리로 하여금 예수님을 닮은 사람이 되게 하는 것입니다. 이것이 바로 우리를 향한 하나님의 꿈입니다. 그 꿈을 가지고 우리를 이 땅에 보내셨습니다. 아멘.

성경이 재밌는 표현을 쓰는데요, "그로 많은 형제 중에서 맏아들이 되게 하려 하심이라." 여기서 맏아들이 누구일까요? 예수님입니다. 예수님은 보통 외아들 독생자라고 부르는데, 여기선 맏아들이라고 부릅니다. 이유가 뭘까요? 그분에게 동생들이 생겼기 때문입니다. 둘째 아들이 생기고, 셋째 딸이 생긴 거예요. 바로 저와 여러분입니다. "그로 많은 형제 중에서." 우리를 가리키는 말입니다. 하나님의 꿈속에서 우리는 예수님의 동생들입니다. 하나님은 우리로 하여금 예수님을 속 빼닮은 주님의 동생이 되게 할 꿈을 품고 계십니다. 그 꿈을 가지고 우리를 지으셨습니다.

설교를 하다보면 좀 과하다는 생각이 들 때가 있어요. 아무리 설교지만 이건 너무 과하다 싶을 때가 있는데, 오늘 설교가 그래요. 내가 예수님의 동생이 된다고? 나 같은 사람이 존귀하고 거룩하신 예수님을 속 빼닮은 그분의 동생이 된다고? 과하잖아요. 너무 나갔어요. 그렇지만 성도 여러분, 과하거나 말거나 믿음으로 받으실 분은 나에게 주시는 말씀으로 받으시기 바랍니다. 그리고 행복하시기 바랍니다. 세상 사람들은 나를 어떻게 보는지 몰라도, 하나님은 여러분을 향해 그런 계획을 갖고 계시고, 그런 기대를 품고 계십니다.

요셉을 설교하면서 이런 제목을 붙인 일이 있습니다. 꿈이 있어 아름다운 사람. 꿈이란 게 그렇잖아요. 밥도 아닌 것이 배부르게 하고, 인삼도 아닌 것이 힘을 쏟게 합니다. 무엇보다 꿈은 사람을 행복하게 만듭니다. 꿈을 품은 눈빛은 행복합니다. 그런데 기억할 것은, 꿈은 우리 사람의 전유물은 아닙니다. 사람만 꿈을 꾸는 게 아닙니다. 하나님도 꿈을 꾸십니다. 하나님의 가슴에도 꿈이 있습니다. 굉장한 꿈이겠죠. 꿈이라는 것이 본시 사람 덩치를 따라가게 되는데, 큰 사람은 큰 꿈을 꾸고 귀한 사람은 귀한 꿈을 꾸는 겁니다. 그렇다면 지극히 거룩하고 존귀하신 우리 하나님의 꿈은 뭐냐? 성경이 말씀하길, 바로 저와 여러분입니다. 우리가 그분의 꿈입니다. 아멘.

하나님의 꿈은 우주여행도 아니고, 주식 대박도 아니고, 세계 정복도 아닙니다. 하나님의 꿈은 바로 저와 여러분입니다. 김구 선생이 대한 독립을 꿈꾸고, 2002년 대한민국은 월드컵 4강을 꿈꾸었다면, 하나님은 저와 여러분을 꿈꾸십니다. 꿈을 꾸는 인생도 행복하지만, 누군가의 가슴에 꿈으로 새겨진 인생은 더더욱 행복하고 영광스러울 겁니다. 성경이 말하길, 우리가 그렇습니다. 우리는 누군가의 가슴에 꿈으로 새겨진 사람입니다. 바로 하나님의 가슴입니다. 창조주 하나님이 우리를 꿈꾸십니다. 아멘. 나에게 주시는 말씀으로 받으시고 행복하시기 바랍니다. 우리는 하나님의 가슴에 꿈으로 새겨진 사람들입니다!

3. 세밀한 로드맵 위에 사는 사람

이어서 세 번째, 성도의 행복이 어디에 있는가? 세 번째는 로드맵입니다. 성경이 말하기를, 우리는 하나님의 세밀한 로드맵 위에 있는 사람입니다. 우리의 삶이 그냥 흘러가는 게 아니라는 거예요. 하나님께서 우리의 삶을 인도하실 때 아무런 생각 없이 이끄시는 게 아닙니다. 하나님께는 로드맵이 있습니다. 그래서 우리는 행복한 사람입니다.

30절 함께 읽습니다. "또 미리 정하신 그들을 또한 부르시고 부르신 그들을 또한 의롭다 하시고 의롭다 하신 그들을 또한 영화롭게 하셨느니라." 신학적으로 구원의 서정이라고 부르는 대목인데, 주님이 우리의 구원을 이루어 가시는 순서를 말합니다. 네 단어로 정리하는데요, 예정, 소명, 칭의, 영화입니다. 미리 정하신-예정, 부르시고-소명, 의롭다 하시고-칭의, 영화롭게 하셨느니라-영화. 그런데 이게 우리에게 무슨 의미가 있느냐? 우리를 향한 주님의 꿈을 이루어 가시는 로드맵입니다. "아들아, 너는 계획이 다 있구나." 모 영화에 나오는 유명한 대사입니다. 우리 하나님이 그러하십니다. 하나님은 무턱대고 우리를 이끄시는 게 아닙니다. 세밀한 계획을 품고 우리를 인도해 가십니다.

아내한테 잔소리를 듣는 경우가 더러 있는데, 그 중에 하나가 여행갈 때입니다. 제가 계획을 잘 못 세웁니다. 저는 여행갈 때 그냥 시동 걸고 출발! 그런 스타일입니다. 그런데 아내는 성격이 달라서 세밀하게 일정이 나오는 걸 좋아합니다. 성격이 다르죠. 그런데 제가 왜 그러느냐? 이 자리를 빌려 변명을 하자면, 저한테 있어 여행은 계획이 중요하지 않습니다. 왜냐하면, 아내와 함께라면 저는 어디든 좋아요. 일정이 중요한 게 아니에요. 아내와 함께라면 어딜 가든, 무엇을 하든 다 좋아요. 그래서 제가 계획을 안 세우는 거지, 게을러서 그런 게 아닙니다. 이해가 되시죠? 아내는 많이 답답해합니다.

감사하게도 하나님은 저 같은 분이 아니에요. 하나님이 우리를 꿈꾸신다고 했는데, 무턱대고 꿈! 그게 아닙니다. 하나님은 계획이 있고, 하나님의 가슴에는 로드맵이 있습니다. 오늘 본문이 그 증표입니다. 하나의 상징적인 순서인데, 우리를 향한 그림이 있다는 겁니다. 앞서 시편에서 보았던 고백 "하나님이여 주의 생각이 내게 어찌 그리 보배로우신지요. 그 수가 어찌 그리 많은지요."(시 139:17) 우리 각자를 향한 하나님의 계획이 있다는 메시지입니다. 믿음으로 받을 분은 나에게 주시는 말씀으로 받으세요.

살다보면 힘겨운 시간도 있고, 삶의 걸음을 걷다보면 길이 어긋나 보일 때도 더러 있습니다. 그러나 기억할 것은 그 순간도 예외 없이 주님의 계획 가운데 있습니다. 그 순간에도 우리는 주님의 인도하심 안에 있습니다. 개인적으로 여러 차례 경험했습니다. 저에게도 힘겨운 순간이 있었습니다. 생각과 달리 일이 틀어지는 시간. 이러면 안 되는데, 이게 아닌데, 마음을 졸이는 순간이었습니다. 그런데 결국 지나고 보니 하나님의 인도하심이었습니다. 그때 당시는 일이 틀어진다고 생각했는데, 지나고 보니 하나님의 이끄심이었습니다.

그래서 저도 믿음으로 28절을 고백할 수 있습니다. 근자에 여러 번 읽었지만 한 번 더 같이 읽습니다. "우리가 알거니와 하나님을 사랑하는 자 곧 그의 뜻대로 부르심을 입은 자들에게는 모든 것이 합력하여 선을 이루느니라." 이 말씀 붙들고 믿음으로 나아가실 때 주께서 우리를 가장 선한 길로 인도하실 것입니다.

4. 뜨거운 기도 가운데 있는 사람

마지막으로, 성도의 행복이 어디 있느냐? 뜨거운 기도입니다. 우리는 뜨거운 기도 가운데 있는 사람입니다. 그래서 행복합니다. 26절 함께 읽습니다. "이와 같이 성령도 우리의 연약함을 도우시나니 우리는 마땅히 기도할 바를 알지 못하나 오직 성령이 말할 수 없는 탄식으로 우리를 위하여 친히 간구하시느니라." 뜨뜻한 구절이죠. 사랑하는 성도 여러분, 하나님이 여러분을 위해 기도하십니다. 아멘.

미국 유학 갔다 오니 한국이 많이 변했습니다. 대통령도 바뀌었고, 없던 건물도 많이 생겼습니다. 그런데 저한테 제일 큰 변화는 매일 아침 저를 위해 기도해 주시던 권사님이 돌아가셨습니다. 참 섭섭했습니다. 누군가 나를 위해 기도해 준다는 것이 우리 삶에 얼마나 큰 힘이 되는지 몰라요. 힘겨울 때 무너지지 않게 하는 언덕이 되기도 합니다.

사랑하는 성도 여러분, 행복한 소식 하나 알려 드립니다. 하나님이 여러분을 위해 기도하십니다. 하나님이 여러분을 위해 뜨겁게 기도하십니다. 아멘. 성경에 듬직한 말씀이 많지만, 이 대목이 참 듬직합니다. "오직 성령이 말할 수 없는 탄식으로 우리를 위하여 친히 간구하시느니라." 얼마나 든든해요. 하나님이 나를 위해 기도하십니다.

의미를 새겨서 이렇게 읽어도 좋아요. 하나님이 우리를 위해 최선을 다하신다! 하나님이 기도한다고 했는데, 기도만 하시는 게 아닙니다. 기도는 하나의 대표 행위이고 하나님이 우리를 위해 최선을 다하신다는 의미입니다. 우리를 위해 혼신의 힘을 다하시는 하나님.

인생길이라는 게 힘들잖아요. 일도 많고, 탈도 많고, 낭떠러지가 보이기도 하고, 참 힘들어요. 그런데 감사하게도 우리에겐 의지할 언덕이 있는데, 나를 위해 혼신의 힘을 다하시는 하나님이 계십니다. 말할 수 없는 탄식으로 나를 위해 기도하시고, 나를 위해 일하시는 하나님이 계십니다. 믿음으로 받으실 분은 나에게 주시는 말씀으로 받으시기 바랍니다. 그리고 행복하시기 바랍니다.

구약 백성이 참 좋아했던 문구가 있습니다. 여호와의 열심! 구약 여기 저기 나옵니다. "여호와의 열심이 이 일을 이루리라." "여호와의 열심이 이를 이루리라." 사도 바울이 오늘 본문 쓸 때 그 문구를 떠올렸는지도 몰라요. 우리의 삶도 힘들지만, 구약 백성의 삶도 참 노골적으로 힘들었습니다. 사백 년 노예살이에 사십 년 광야살이까지 한치 앞을 내다볼 수 없는 험한 길이 너무 많았습니다. 그럼에도 이스라엘 백성이 길을 잃지 않고, 마침내 젖과 꿀이 흐르는 가나안 땅에 도착할 수 있었던 것은, 여호와의 열심 때문입니다.

그 열심이 주의 백성을 애굽에서 이끌어 내고 그 열심이 거친 광야를 관통하여 마침내 약속의 땅에 당도하게 하였습니다. 감사한 것은, 그때 그 하나님이 지금 우리와도 함께 하십니다. 하나님의 열심은 지금도 그때처럼 여전히 뜨거우십니다. 열린 마음으로 받을 때 그 하나님이 우리의 삶도 인도해 주실 것입니다. 아멘.

<생각할 거리>

1. 나는 행복자로다! 이 말씀에 동의가 되나요? 아니라면 이유가 뭘까요?

2. "우리는 하나님의 계획 가운데 태어났고, 하나님의 세밀한 인도하심 안에 살고 있다"는 말씀이 나에게 주는 깨달음이나 은혜는 무엇입니까?

3. 오늘 설교는 하나님의 꿈에 대해 무엇이라고 말씀합니까? 나를 향한 하나님의 꿈(예수님을 닮은 사람이 되는 것)이 내 삶에서 성취되고 있습니까? 이 꿈이 정말로 성취될까요?

4. 성령님이 나를 위해 기도하신다는 말씀이 내 삶에 가지는 의미는 무엇입니까?

확신의 그릇 - 하나님은 내 편이시다

(롬 8:31-39)

<설교 구상>

하나님이 내 편이심을 선포하는 설교다! 하나님은 내 편이시다! 아픔 중에도 여전히 하나님은 내 편이시다! 그러니 성도의 호기를 품고 살라! 단순하면서도 뜨거운 톤의 메시지다. 설교의 기본 단어는 확신이다. "내가 확신하노니." 바울의 톤이 뜨겁다. "사망이나 생명이나 천사들이나 권세자들이나 현재일이나 장래 일이나 능력이나 높음이나 깊음이나 다른 어떤 피조물이라도 우리를 우리 주 그리스도 예수 안에 있는 하나님의 사랑에서 끊을 수 없으리라." 어떤 어려움에도 굴하지 않는 바울의 확신을 설교에 담아내면 된다.

신앙은 허세나 교만이 아니다. 그런데 때로 허세가 무서워서 성도의 호기를 잃어버리고, 교만이 무서워서 성도가 품어야 할 확신과 용기를 가벼이 여기는 경우가 있다. 복음은 어쭙잖은 겸손의 그릇에 담기엔 너무 귀한 선물이다. 복음은 우리의 최대치 뜨거운 마음도 모자랄 만큼 크고 웅장한 선물이다. 겸손도 좋고 겸양도 좋지만, 오늘만큼은 뜨거운 확신으로 성도의 호기를 도전하자.

확신의 그릇 - 하나님은 내 편이시다

(롬 8:31-39)

31 그런즉 이 일에 대하여 우리가 무슨 말 하리요 만일 하나님이 우리를 위하시면 누가 우리를 대적하리요… 38 내가 확신하노니 사망이나 생명이나 천사들이나 권세자들이나 현재 일이나 장래 일이나 능력이나 39 높음이나 깊음이나 다른 어떤 피조물이라도 우리를 우리 주 그리스도 예수 안에 있는 하나님의 사랑에서 끊을 수 없으리라

서론 - 성도의 확신

오늘의 말씀은 성도의 확신입니다. 오늘로서 로마서 설교 두 번째 묶음을 마무리합니다. 복음을 받는 그릇을 묵상해 왔는데, 오늘 묵상할 그릇은 확신입니다. 성도의 확신! 확신은 믿음보

다 더 강한 언어입니다. 38절에 "내가 확신하노니." 이 말할 때 바울이 필시 주먹을 쥐었으리라 생각합니다. 주먹을 불끈 쥐고 "내가 확신하노니."

원문을 찾아보니 언어가 정말 셉니다. "설복 당했다"는 의미입니다. 단지 믿음이 아닙니다. 믿어야지, 믿어야지, 억지로 믿은 게 아니고, 완전히 설복을 당한 겁니다. 부인하고 싶어도 도무지 부인할 수 없는 설복의 믿음. 도무지 거부할 수 없는 깊은 확신이 바울의 마음에 찾아온 겁니다. 이 시간 바울의 확신을 함께 묵상할 때 그의 확신이 우리의 확신이 되기를 소망합니다. 아멘.

1. 하나님은 내 편이시다

바울의 확신이 뭐냐? 먼저, 하나님은 내 편이시다! 하나님이 내 편이라는 확신입니다. 31절 함께 읽습니다. "그런즉 이 일에 대하여 우리가 무슨 말 하리요? 만일 하나님이 우리를 위하시면 누가 우리를 대적하리요?" 하나님이 우리를 위하시면. 하나님이 우리를 위하신다는 선포입니다. 다른 말로, 하나님이 내 편이시다!

사랑하는 성도 여러분, 복음을 소개합니다. 제가 여러분 편입니다. 제가 여러분 편에 서겠습니다. 별로 감동이 아닌 모양이죠? 그렇다면 진짜 복음을 소개합니다. 성도 여러분, 하나님이 여러분 편이십니다. 아멘. 하나님은 남편이 아닙니다. 남편이 왜 남편이냐? 남의 편만 들어서 남편이라고 하는데, 정말 그런가요? 저로서는 동의하기 어려워요. 그래도 그런 말이 있는 걸 보면 사연이 있었겠죠. 그런데 설령 그렇다손 치더라도 아내 여러분, 너무 서러워 마세요. 남편은 몰라도 하나님은 내 편이십니다.

'Θεὸς ὑπὲρ ἡμῶν(테오스 후페르 헤이몬)' 설교하면서 원어를 소개하는 일이 거의 없는데, 오늘은 합니다. 워낙 힘이 되는 언어이기에. 헬라어로 테오스(Θεὸς)는 하나님이고, 후페르(ὑπὲρ)는 위하여, 그리고 헤이몬(ἡμῶν)은 우리를 뜻하는 단어입니다. 합해서 하나님은 우리를 위하신다는 말입니다. 내 편이 되시는 하나님! 헬라어가 어려우면 영어도 좋아요. God for us. 수요일에 사도신경을 공부하면서 소개한 하나님의 이름입니다. God for us. 우리를 위하시는 하나님. 바로 여기서 나왔어요. 'Θεὸς ὑπὲρ ἡμῶν(테오스 후페르 헤이몬)'.

임마누엘은 많이 알려져 있죠. God with us. 우리와 함께 하시는 하나님. 많은 분들이 사랑하는 주님의 이름입니다. 그런데 상대적으로 덜 알려져 있지만, 정말로 소중한 하나님의 이름이 있으니, God for us. 우리를 위하시는 하나님. 믿음으로 받으실 분은 나에게 주시는 말씀으로 받으시기 바랍니다. 내 편이 되어 주시는 하나님!

살면서 내 편이 없다고 느낄 때가 있습니다. 저도 그럴 때가 있었습니다. 그럴 때면 참 힘이 들어요. 아내 앞에서 넋두리하기를 "아, 내 편이 없다. 나를 도와주는 사람이 없네." 살다보니 그런 경우가 있더라고요. 앞에서는 좋은 말 하다가 돌아서선 딴 말하는 사람. 내가 잘 나갈 때는 함께 하다가 정작 내가 어려우면 외면하는 사람. 심지어 대놓고 제 앞길을 막는 사람도 있었습니다. 어떤 분이 누구를 찾아가서 제 험담을 한 거예요. 제 설교가 이상하다고. 여러분, 제 설교가 이상한가요? 그래서 어떤 길이 막힐 뻔하기도 했습니다. 물론 제가 부족해서 그렇겠지만 저로서는 너무 억울했어요. 속상하기도 하고. 그래서 아내 앞에서, "인생 참 힘드네. 내 편이 없어! 도와주는 사람이 없네!"

그랬더니 아내가 한 마디 하더라고요. "어디 가서 그런 소리하지 마. 누가 들으면 배부른 소리라고 그래. 자기만큼 주변에 도와주는 분들이 많은 사람이 또 누가 있어?" 마구 핀잔을 주는데, 아내의 말은 위대합니다. 생각해보니 또 그렇더라고요. 살면서 내 편이 되어준 분들이 참 많아요. 여러 얼굴들이 떠올랐습니다. 사실 그때도 그랬습니다. 길이 막힐 뻔했다고 했는데 결국 들어가게 되었어요. 알고 보니 뒤에서 누군가 나서주셨어요. 이름만 대면 알 분인데, 저도 모르게 추천서를 써주셨어요. 자기 이름을 걸고. 그래서 결정하시는 분이 그거 믿고 저를 받았다고 하더라고요. 너무 고마웠습니다. 제가 요청하지도 않았는데, 저는 해드린 것도 없는데, 제 편이 되어주신 겁니다.

그런 의미에서 이 말이 참 가슴에 크게 와 닿아요. 하나님이 내 편이시다! 삶의 위기 때 내 편이 되어주는 분들이 많은데, 그분들께도 너무 감사하지만, 그분들의 마음을 움직여주신 하나님께도 너무 감사합니다. 하나님의 은혜입니다. 내 편이 되어주시는 하나님! 사랑하는 성도 여러분, 하나님이 여러분 편이십니다. God for Us. 'Θεὸς ὑπὲρ ἡμῶν(테오스 후페르 헤이몬)' 믿음으로 받으실 분은 이 말씀 나에게 주시는 말씀으로 받으세요. 그리고 행복하시기 바랍니다. 아멘.

2. 아픔 중에도 내 편이시다

한 걸음 더 나아가 바울을 통해 우리 마음에 새겨주시는 성도의 확신이 무엇인가? '아픔 중에도'입니다. 하나님은 아픔 중에도 내 편이시다! 내 삶이 힘겨울 때, 그때도 하나님은 내 편이시다. 아멘. 그럴 때가 있잖아요. 내 삶이 깊은 골짜기를 통과하는 것처럼 느껴질 때, 어둔 터널처럼 내 삶이 너무 어둡고 아플 때. 그럴 때면 드는 생각이, 하나님도 나를 버리셨구나, 하나님도 나를 외면하시는구나. 그런 생각이 든단 말이죠. 그런데 그때도 바울에게는 흔들리지 않는 확신이 있었습니다. 아픔 중에도 하나

221

님은 여전히 내 편이시다! 아멘.

35절 같이 읽습니다. "누가 우리를 그리스도의 사랑에서 끊으리요 환난이나 곤고나 박해나 기근이나 적신이나 위험이나 칼이랴?" 환난이나 곤고, 박해와 기근, 참 힘든 단어들입니다. 바울의 삶도 쉽지가 않았습니다. 36절은 더 아파요. "기록된바 우리가 종일 주를 위하여 죽임을 당하게 되며 도살당할 양 같이 여김을 받았나이다 함과 같으니라." 도살당할 양 같이 여김을 받았다. 많이 힘들었나 봐요. 사실 구약 성경에 나오는 구절입니다. 시편 44편 22절입니다. 바울이 이 대목을 읽는데 꼭 자기 이야기처럼 느꼈던 모양입니다. 우리도 성경 읽다가 '야, 이건 내 이야긴데.' 그럴 때가 있는데, 바울이 그랬던 거예요. 이 아픈 구절이 내 이야기구나.

그런데 감사하게도, 그때도 바울의 확신은 흔들림이 없어요. 37절 한 목소리로 읽습니다. "그러나 이 모든 일에 우리를 사랑하시는 이로 말미암아 우리가 넉넉히 이기느니라." 사랑하는 성도 여러분, 이 말씀이 여러분의 삶에 임하시기를 주님의 이름으로 축원합니다. 특히 고통 중에 있는 성도들, 힘겨운 시간을 보내는 분들에게 이 말씀이 임하기를 바랍니다. "이 모든 일에 나를 사랑하시는 이로 말미암아 내가 넉넉히 이기느니라."

설교를 준비하면서 가끔 톤에 대한 고민을 합니다. 어떤 톤으로 해야 할까? 우리말이 아 다르고 어 달라서 톤에 따라 설교가 성도들의 마음에 닿기도 하고, 또 튕겨 나가기도 합니다. 그래서 같은 내용이어도 톤에 대해 고민을 하게 되는데, 특별히 오늘 같은 경우가 많이 조심스럽습니다. 하나님이 내 편이시다! 이게 참 반가우면서도 어떤 분에게는 마음에 상처가 될 수도 있습니다. 하나님이 내 편이신데, 왜 나는 고통 중에 있을까? 하나님이 나를 위하시는데, 왜 나의 고통은 끝나지 않는 걸까?

혹 그런 분이 있으시다면, 이 말씀 드리고 싶어요. 오늘 바울의 고백은 고통 중에 나왔습니다. 화려하게 성공해 놓고 하는 말이 아닙니다. 고생 끝에 낙이 왔을 때 기쁨의 눈물을 흘리며 하는 고백이 아닙니다. 오히려 고통 중에서, 여전히 아픔 중에 선포하기를, 내가 확신하노니 하나님은 내 편이시다! 내가 넉넉히 이기느니라. 그래서 이 말씀이 정말 위대합니다.

바울은 삶도 힘겹지만 질병의 고통도 많이 경험한 분입니다. 병명을 특정하기는 어려운데, 고린도후서 12장에 보면 "육체에 가시 곧 사탄의 사자"라고 부릅니다. 얼마나 아팠으면 이런 이름을 붙였을까요? 그래서 세 번이나 간절히 하나님께 치유를 구했습니다. "이것이 내게서 떠나가게 하기 위하여 내가 세 번 주께 간구하였더니."(고후 12:8) 다른 사람도 아니고 사도 바울이 그렇게 기도한 거예요.

223

그런데 하나님의 응답이 뭐였느냐? 9절에 "나에게 이르시기를 내 은혜가 네게 족하도다. 이는 내 능력이 약한 데서 온전하여짐이라." 인간적으로 얼마나 섭섭했을까 싶어요. 바울이 다른 병자들의 병은 많이 고쳐주었는데, 정작 자신을 위한 기도에는 "내 은혜가 네게 족하도다." 바울이 그런 삶을 살았습니다. 그리고 바로 그런 와중에 오늘 본문의 고백이 나왔습니다. 내가 확신하노니, 고통 중에 있는 지금도 하나님은 여전히 내 편이시다!

생각하면 참 놀라운 고백인데, 이 고백이 도대체 어디서 나왔을까? 32절이 눈에 들어옵니다. "자기 아들을 아끼지 아니하시고 우리 모든 사람을 위하여 내주신 이가 어찌 그 아들과 함께 모든 것을 우리에게 주시지 아니하겠느냐?" 나보다 더 큰 고통을 당하시는 주님, 나를 위해 나보다 더 큰 아픔을 감내하시는 주님을 보면서 하나님의 마음을 헤아린 게 아닌가 싶어요. 지금도 주님은 나와 함께 하신다. 반드시 나를 승리의 길로 인도하실 것이다.

바울의 확신이 우리의 확신이 되기를 소망합니다. 바울의 하나님이 오늘 여러분과 함께 하십니다. 하나님은 아픔 중에도 내 편이십니다. 믿음으로 나아갈 때 반드시 주께서 귀한 승리를 주실 것입니다. 아멘.

3. 성도의 호기를 품으라

이제 마지막 셋째, 오늘 설교의 마지막이기도 하고, 크게는 로마서 두 번째 덩어리의 마지막 말씀이기도 합니다. 오늘의 마지막 말씀, 성도의 호기를 품으라. 움츠러들지 말고 어깨 펴고 큰 소리로 외치라, 하나님은 내 편이시다! 아픔 중에도 내 편이시다! 이 확신이 있다면, 그 실천으로 성도의 호기를 품고 살아라. 바로 그 마음에 예수 그리스도의 복음이 힘 있게 역사할 것입니다.

바울이 그렇게 합니다. 31절에 "하나님이 우리를 위하시면 누가 우리를 대적하리요?" 호기가 보이시나요? 누가 감히 나를 대적하리요? 하나님이 내 편이신데 감히 누가 나를 대적하리요? 34절에도 "누가 정죄하리요?" 누가 감히 나를? 하나님이 내 편이신데, 하나님이 나를 의롭다 하시는데, 누가 감히 나를 비난하고, 누가 감히 나를 정죄하리요?

오늘 본문에는 바울의 호기가 가득합니다. 어쩌면 이게 승리의 비결이 아니었을까 싶어요. '마음에는 성도의 확신을! 입술에는 성도의 호기를!' 한 번 더 '마음에는 성도의 확신을! 입술에는 성도의 호기를!' 바울이 그 힘겨운 시간을 이겨낸 실천적인 비결이라고 믿습니다.

바울은 대적하는 사람이 참 많았습니다. 정죄하고 달려드는 사람도 많고, 참 힘든 인생이었습니다. 그런데 절대 무너지지 않아요. 인간적으로 죽을 뻔한 일도 너무 많고 고생도 너무 많이 했지만, 바울은 절대 무너지지 않아요. 꿋꿋하게 견디고 이겨냅니다. 그리고 승리합니다. 이 힘이 도대체 어디서 왔을까? 그 힘겨운 시간을 이겨낸 비결이 무엇일까? 마음에는 확신을! 입술에는 호기를!

누가 감히 나를 대적하리요? 누가 감히 나를 정죄하리요? 아픔이 찾아올 때 움츠러들기보다 소리쳐 외치는 겁니다. 성도의 호기를 품고, 누가 감히 나를 무너뜨리리요? 하나님이 내 편이신데 누가 감히? 어떤 질병이 감히? 어떤 아픔이 감히 나를? 천지만물의 창조주께서 내 편이신데, 십자가에 죽으실 뿐 아니라 사흘 만에 부활하신 예수님이 내 편이신데, 누가 감히? 누가 감히 나를 해하리요?

사랑하는 성도 여러분, 우리에게도 이런 호기가 있기를 바랍니다. "우리가 돈이 없지 가오가 없냐?" 어느 영화에 나온 대사입니다. 세상 사람들도 그런 호기를 품고 산다는데, 하나님의 자녀인 우리는 더욱 그래야 하지 않겠어요. 우리 조상들은 호기를 중시했다고 합니다. 너무 과해서 허세가 되기도 하고, 때론 허풍이 되기도 했다고 합니다. 성도인 우리가 그래서는 안 되겠지만, 또 생각하면 조금 그럴 필요도 있어요. 움츠러드는 것보다는 차라리 허풍이 낫지 않을까, 쪼그라들기보다는 차라리 허세가 낫지 않을까, 그런 생각도 듭니다. 근거가 없다면 허세고 뒷받침이 없다면 허풍이지만, 근거가 있고 뒷받침이 있다면 그건 허세가 아니라 성도의 거룩한 호기입니다.

"너는 칼과 창과 단창으로 내게 나아오거니와 나는 만군의 여호와의 이름 곧 네가 모욕하는 이스라엘 군대의 하나님의 이름으로 네게 나아가노라."(삼상 17:45) 이거 누가 한 말일까요? 다윗의 말입니다. 소년 다윗, 아직 소년티를 벗지 못한 앳되고 어린 목동이었습니다. 어쩌다 전쟁터에 나섰는데, 너무 강한 상대를 만났어요. 거인 골리앗. 통상 명칭이 거인입니다. 아무도 상대하지 못하는 거인 골리앗. 모두가 두려워 떨기만 하고 있던 도무지 상대가 안 되는 거인. 그 앞에 꼬마 다윗이 선 겁니다.

그런데 다윗이 전혀 밀리지 않아요. 마음에는 확신을! 입술에는 호기를! 무기 이전에 호기로 나섭니다. "오늘 여호와께서 너를 내 손에 넘기시리니 내가 너를 쳐서 네 목을 베고 블레셋 군대의 시체를 오늘 공중의 새와 땅의 들짐승에게 주어 온 땅으로 이스라엘에 하나님이 계신 줄 알게 하리라."(46절) 사람들이 웃었어요. 골리앗도 웃고, 사실은 아군조차 쓴웃음을 지었습니다. "쟤 지금 뭐하는 거야? 전쟁이 장난인 줄 아나?" 그렇게 모두가 비웃었지만 결국 다윗이 승리합니다. 모든 사람의 비웃음을 이겨내고 다윗이 골리앗을 물리치고 승리합니다. 로마서 8장 37절을 기필코 이루고야 맙니다. "그러나 이 모든 일에 우리를 사랑하시는 이로 말미암아 우리가 넉넉히 이기느니라."

허세와 호기의 차이가 뭘까? 이기면 호기요, 지면 허세? 그건 결과론이고 어쩌면 호기 자체가 승리의 한 부분인지 몰라요. 아무리 이겨도 움츠러들고 쪼그라들고, 어쩌다 소 뒷발로 쥐 잡듯이 이겨 봐야, 그게 무슨 승리겠어요. 겉으론 패배로 보여도 당당하게 맞서 싸운다면 그거야말로 진정한 승리일 것입니다. 우리의 삶이 이 땅의 삶이 전부가 아닐진대, 마지막 순간까지 성도의 호기를 잃지 않을 수 있다면 그 자체로 귀한 삶이라 할 것입니다. 누구에게나 마지막은 찾아옵니다. 그 순간까지 마음에는 확신을! 입술에는 호기를! 그럴 수 있다면, 그 자체로 승리하는 삶이라 말할 수 있을 것입니다.

그런 의미에서 사랑하는 성도 여러분, 우리에게도 이런 호기가 있기를 바랍니다. 호기를 부릴 때는 다윗처럼! 호기를 부릴 때는 사도 바울처럼! 신앙의 길이 그래요. 겸손도 좋고, 스스로를 낮추는 것도 좋은데, 때로 성도라면 호기가 있어야 합니다. 오늘 바울의 호기의 절정이 38절에 나와요. "내가 확신하노니." 내가 확신하노니. 이게 꼭 골리앗 앞에 선 다윗의 음성처럼 들려요. "내가 확신하노니 사망이나 생명이나 천사들이나 권세자들이나 현재 일이나 장래 일이나 능력이나." 39절은 같이 읽습니다. "높음이나 깊음이나 다른 어떤 피조물이라도 우리를 우리 주 그리스도 예수 안에 있는 하나님의 사랑에서 끊을 수 없으리라."

결론 - 성도의 확신

말씀 정리합니다. 오늘의 말씀, 성도의 확신, 그리고 성도의 호기. 사랑하는 성도 여러분, 하나님이 여러분 편이십니다. 온 세상이 여러분을 대적해도 하나님은 여러분 편이십니다. 이거 믿고 사시기 바랍니다. 그러니 때로 세상을 향해 호기를 부려도 좋아요. 하나님이 내 편이신데, 감히 누가 나를 대적하리오? 나를 위해 죽으시고 부활하신 예수님이 내 편이신데, 감히 누가 나를 무너뜨리리오? 성도의 확신과 또 성도의 호기로 오늘도 승리하는 하루가 되시기를 주님의 이름으로 축원합니다. 아멘.

<생각할 거리>

1. '내 편' 하면 떠오르는 누군가가 있습니까? 내 편이 없어서 서
   럽거나, 내 편이 있어서 든든했던 경험이 있었다면 나누어 봅
   시다.

2. '하나님은 내 편이시다'는 확신이 흔들렸던 때가 있었나요?
   성경 인물 중에 혹은 성경 시대 중에 이 확신이 흔들릴 수 있
   었다면 누구 혹은 언제일까요?

3. 성도의 호기를 내 삶에 어떻게 적용할 수 있을까요? '하나님
   이 내 편이신데 감히 누가 나를 대적하겠는가?' 그렇게 한 번
   마음으로 외쳐봅시다. 세상을 향해! 또한 나 자신을 향해!

4. 교만과 호기의 차이는 무엇일까요?

쉬운 로마서 II

초판 1쇄 인쇄   2021년 10월 20일
초판 1쇄 발행   2021년 10월 31일

발 행 인   이기룡
지 은 이   채경락
발 행 처   도서출판 담북
등 록 번 호   제2018-000072호(2018년 3월 28일)
주   소   서울시 서초구 고무래로 10-5(반포동)
전   화   02-533-2182
팩   스   02-533-2185
홈 페 이 지   www.qtland.com